KB047191

우리말의 발견

정감 넘치고 쓸모 있는 우리말 공부

박영수 지음

우리말의 발견

사람in

여러 사람이 걸어 다님으로써 길이 생겼고, 많은 사람이 같은 의미의 소리를 냄으로써 말(言)이 생겼으며, 기억하거나 정확한 표준을 만들기 위해 어딘가에 적음으로써 문자가 생겼다. 이렇듯 공동 쓰임을 통해 탄생한 언어는 경험을 거쳐 계속 늘어나면서 공동체임을 알려주는 역할을 했다. 다시 말해 많은 사람이 만든 언어가 어느새 거꾸로 특정 민족의 사람을 만들게 된 것이다. 영국, 프랑스, 한국 어디든 저마다 모국어를 배우면서 공동체 구성원으로서의 힘을 느끼게 된다.

언어는 그 민족의 고유한 정서를 담고 있으므로, 아무리 뛰어난 번역가라도 두 나라의 언어를 정확한 의미로 옮기기 힘들다. 각 지역 사람이 느낀 공통의 경험과 감정은 다를 수밖에 없기 때문이다. 독일과 프랑스 접경 지역에서 태어나 어려서부터 독일어와 프랑스어를 자유자재로 구사한 알베르트 슈바이처조차 번역의 어려움을 토로했다.

바꿔 말해 언어는 사고(思考)를 기록하는 기호이며, 경험 및 감정의 전달자다. 국제 교류가 활발해진 오늘날에는 출신 민족보다 어떤 언어를 일상용어로 쓰느냐에 따라 사고방식이 정해질 정도다. 영어를 쓰는 사람들은 영국식 혹은 미국식으로 사고하게 된다. 이런 맥락에서 제국주의 시대에 식민주의자들은 원주민에게 현지 언어를 금지하고 자국 언어를 강요했다.

이처럼 언어의 힘은 무척 강하다. 그런데 오늘날 우리 사회의 현실은 어떠한가? 길거리 가게 간판이나 광고는 외국어가 넘쳐나고, 방송에서는 재미를 위해 엉터리 말을 개코쥐코 떠드는 반면 아름답고 쓸모 많은 우리말은 점차 잊히고 있다. 이러다 훗날 우리말인데도 번역해야 할 상황이 올까 우려된다.

머드러기 사 오라고 했는데 잔챙이를 가져와도 애오라지 받아들이고, 아기똥하고 반지빠른 사람의 불행에 잘코사니 하다가, 슬금한 사람을 알아보지 못하는 치룽구니가 될 수도 있으며, 글을 쓸 때 불퉁가지와 행짜의 뜻을 몰라 연신 붓방아 찧을지도 모를 일이다. 하여 정감 넘치고 쓸모 있는 우리말을 다시금 살펴보는 동시에, 우리말에 애정을 가지고 공부하는 이들에게 도움을 주고자 이 책을 기획했다. 요즘 잘 쓰지 않으나 여전히 쓸모 있는 우리말을 다뤘으니 아무쪼록 독자 여러분의 우리말 나들이가 즐겁고 유익하기를 바란다.

박영수

차
례

[8장]

상태를
나타낸 말

[7장]

말, 입으로 하는 걸
나타낸 말

1장

날씨, 풍경과 관계된 말.

상고대 | 갓밝이

> "초겨울 갓밝이의 냉기가
> 차갑게 볼을 할퀴었다. 길가의 낙엽에는
> 서리가 내려 있고, 나뭇가지에도
> 상고대가 허옇게 피어 있었다."
>
> - 송기숙, 《녹두장군》

'갓밝이'는 새벽 동틀 무렵의 희끄무레한 상태를 뜻하는 우리 말이다. 접두어 '갓'은 '이제 막'이라는 뜻이다. 갓밝이에 이어 본격적으로 동트는 새벽이 된다. '동트다'는 캄캄한 하늘이 동쪽에서부터 트이다, 즉 환하게 밝아짐을 표현한 말이며, 한 자어 여명(黎明)과 같다.

'옻 칠(漆)' 자에서 따온 '검을 여(黎)' 자는 옻칠하면 반짝이 는 윤이 나기에, 어두운 밤중에 빛나는 시간대를 이르는 여명(黎明)이라는 말을 낳았다. 요컨대 어둠 속에서 밝은 해가 어둠 을 살짝 비춘 상태가 '갓밝이', 점차 해가 솟아오르면서 세상 을 밝게 비추는 시간이 '동틀 무렵'인 것이다.

겨울에 볼 수 있는 '상고대'는 나뭇가지에 쌓여 얼어붙은 얼음층이다. 상고대는 서리가 풀이나 나무에 내려 눈처럼 된 것을 가리키는 우리말이며, 그중 나뭇가지에 꽃이 핀 것처럼 내려앉은 서리를 '눈꽃'이라고 말한다. 상고대는 기온이 갑자기 떨어진 한겨울 고산지대 나무나 호숫가의 나뭇가지에서 볼 수 있다.

∘갓밝이 | 날이 막 밝을 무렵.

∘상고대 | 나무나 풀에 내려 눈처럼 된 서리.

구름발치

물가에 모인 사람들이 먼 하늘을 바라보는 풍경을 그린 문장
이다. '선창(船艙)'은 물가에 배를 대고 짐을 싣거나 부리게 만
든 시설을 가리키는 말인데, 원말은 배를 잇달아 띄워 놓고 그
위에 널빤지를 깐 다리를 이르는 '선창다리'다. 시설을 확장
한 후에 '다리'를 떼어내고 '선창'이라 줄여 말하게 됐다.

'구름발치'는 구름을 의인화하여 표현한 말이다. '발치'는
사람이 다리를 뻗고 있을 때 발이 있는 곳을 뜻하고, 구름발치
는 구름의 가장 아랫부분을 지칭한 말이다. 바다를 저 멀리 바
라보면 구름 아랫부분이 바닷물 표면과 맞닿아 있는 것처럼
보인다. 그걸 묘사한 말이 '구름발치'인 것이다.

○ 구름발치 | 구름과 맞닿아 있는 것처럼 보이는 먼 곳.

까치놀

임 잃은 자신의 슬픔을 해적 만난 뱃사공에 비유한 사설시조인데, 여기서 '까치놀'은 폭풍우가 일어나기 전 저녁 서쪽 하늘에 지는 노을을 가리킨다. 다가올 폭풍우를 걱정하던 뱃사공이 해적까지 만나 이중으로 고난을 겪었지만, 그조차 임 잃은 자신의 처지에 비할 바 못 된다는 내용이다.

까치놀의 본말은 '까치노을'이다. 이는 바닷가에서 저녁 노을 질 때 수평선 위에 하얗게 흔들려 보이는 물결을, 까치가 하늘로 날아오르는 모습에 비유한 말이다. 요컨대 석양에 멀리 보이는 바다의 수평선에서 희번덕거리는 물결을 까치놀이라고 말한다.

∘까치놀 | 바다의 수평선에서 석양을 받아 번득거리는 빛.

꽃보라

작가 조정래는 꽃보라와 박수로 축하 분위기를 표현했는데, 여기서 '꽃보라'는 떨어져서 바람에 날리는 많은 꽃잎을 의미한다. 물보라, 비보라에서 짐작할 수 있듯, '보라'는 잘게 부스러지거나 한꺼번에 많이 가루처럼 흩어지는 사물을 나타내는 우리말이다. 어디선가 바람이 불어와 눈이 날리면 '눈보라', 빗방울이 날리면 '비보라', 꽃잎이 날리면 '꽃보라'다.

눈보라와 비보라는 세찬 바람으로 인해 사람이 다니기 불편하지만, 꽃보라는 아름다운 풍경이어서 사람들이 좋아한다. 어떤 이는 꽃보라에서 축복의 느낌을 받기도 한다. 하여 어떤 결혼식에서는 하객들이 신랑 신부에게 꽃잎을 뿌려주며 행운을 기원하기도 한다.

◦ 꽃보라 | 바람에 날려 흐드러지게 떨어지는 많은 꽃잎.

는개
먼지잼
비거스렁이

거물급 물고기들을 잡으며 즐거워한 풍경을 해학적으로 묘사한 문장이다. 여기서 '는개'는 안개보다는 조금 굵고 이슬비보다는 조금 가는 비를 이르는 우리말이다. 는개는 약한 바람에도 쉽게 영향받을 만큼 입자가 작기에, 얼굴에 맞아도 빗방울을 제대로 느끼기 힘들다.

우리 선조들은 내리는 빗방울 크기에 따라 다양하게 표현했으니, 는개보다 굵으면 이슬비, 장대비, 억수비 등으로 구분해서 말했다. 이 중 '억수비'는 물을 퍼붓듯이 세차게 내리는 비를 가리키며 줄여서 '억수'라고 말한다. '굉장히'를 뜻하는 경상도 사투리 '억수로'의 어원이기도 하다.

한편 비가 겨우 먼지나 날리지 않을 정도로 조금 오면 '먼지잼'이라고 한다. 가뭄이 길어져 메마른 땅에 먼지가 풀풀 날리는 상황에서 아주 조금 내리는 비가 먼지잼이다. 비(雨)이기는 하나 먼지를 겨우 재워놓을 정도로 조금 내렸음을 강조한 말이다. 먼지잼은 가느다란 빗발보다는 매우 적은 강수량에 방점을 둔 말이며, 다음 인용문에서 확인할 수 있다.

> "먼지잼으로 소나기가 한 줄기 지나고 난 다음이라 비거 스렁이로 불어오는 생량머리 건들마가 등줄기 자그럽게 시원했다." - 송기숙, 《암태도》

'비거스렁이'는 비가 갠 뒤에 바람이 불고 기온이 낮아짐을 이르는 말이고, '생량머리'는 초가을이 되어 서늘해질 무렵을 뜻한다. '건들마'는 초가을에 남쪽에서 불어오는 서늘하고 부드러운 바람을 가리키는 우리말이다.

○ 는개 | 안개보다는 조금 굵고 이슬비보다는 조금 가는 비.

○ 먼지잼 | 비가 겨우 먼지나 날리지 않을 정도로 조금 옴.

○ 비거스렁이 | 비가 갠 뒤에 바람이 불고 시원해지는 일.

"아침해가 솟을 때,
할머니는 그 돋을볕이 아까워
내 바지를 벗기고 오줌을 뉘였지. 담아주셨지.
햇살거름이 최고라고 웃으셨지."

- 이정록, 《동심언어사전》

돋을볕

지구를 비추는 해에 대한 표현은 다양하다. 해가 쏟아 내는 광선은 공격적인 느낌의 '햇살', 해가 비추는 빛은 '햇빛', 해가 내리쬐는 뜨거운 기운은 '햇볕'이라고 한다. '햇볕'을 줄여서 '볕'이라고도 말하는데 땡볕 및 불볕처럼 낮에 쬐는 볕은 매우 뜨거움을 나타내지만, 아침에 해가 솟아오를 때의 '돋을볕'은 따스함을 풍긴다. 간밤의 어둠을 밀어내면서 천천히 솟아오르는 돋을볕에는 느림에서 나오는 여유와 온화함이 있는 까닭이다. 또한 돋을볕에는 상서로운 기운도 담겨 있기에 해마다 사람들은 새해 첫날 해돋이 때 뿜어져 나오는 돋을볕을 느끼고자 바닷가나 산꼭대기에 몰려든다.

∘ **돋을볕** | 아침에 해가 솟아오를 때의 햇볕.

물비늘 / 윤슬

"어머니의 눈빛은
어느새 겁에 질려 있었고,
눈가장자리에 물비늘 같은
경련이 일어나고 있었다."

- 조정래, 《태백산맥》

'물비늘'은 햇빛을 받아 수면이 반짝이며 잔잔하게 이는 물결을 이르는 우리말이다. 바람이 불어 일렁이는 잔물결에 햇빛이 반사되어 반짝이는 모습을 물고기 비늘에 빗대어 물비늘이라고 말한다. 다른 말로 '윤슬'이라고도 한다. 본래 윤슬은 제주도 사투리인데, 근대 들어 국어사전에 등재되면서 강물이나 바다의 반짝이는 수면을 표현할 때 쓰고 있다. 두 낱말은 사실상 같은 뜻이며, 햇빛이나 달빛에 비치어 반짝이는 잔물결을 가리킨다. 물비늘 혹은 윤슬의 색깔은 시간대에 따라 다르다. 한낮에는 은빛으로 보이고, 어스름한 저녁에는 금빛으로 보인다. 또한 물결이 잔잔해야 윤슬이 더 잘 들므로, 물살이 거센 강물보다 비교적 잔잔한 호숫가에서 더 자주 볼 수 있다.

◦ 물비늘 | 잔잔한 물결이 햇살 따위에 비치는 모양.

◦ 윤슬 | 햇빛이나 달빛에 비치어 반짝이는 잔물결.

"양쪽 상 위에 서리를 틀고 있는 청실홍실은
구름 끼인 볕뉘 아래 요요히 빛나고 있다."

- 최명희,《혼불》

"삼동에 베옷 입고 암혈(巖穴)에 눈비 맞아 /
구름 낀 볕뉘도 쬔 적이 없건마는 /
서산(西山)에 해 지다 하니 눈물겨워 하노라."

- 남명 조식의 시조

두 예문에 등장하는 '볕뉘'는 '작은 틈을 통하여 잠시 비치는
햇빛'을 가리키지만, 후자의 경우 또 다른 의미를 지니고 있
다. 조식이 지은 시조는, 초야에서 지내느라 성은(聖恩)을 입은
바는 없지만 겨울에 삼베옷 입고 임금의 죽음을 슬퍼한다는
내용이다. 여기서 임금의 은덕을 상징한 낱말이 '볕뉘'인데,
어떤 보살핌도 받은 적이 없음을 강조하고 있다. 볕뉘의 모습
은 다양하다. 어두운 구름을 뚫고 나오는 햇빛도 볕뉘이고, 울
창한 숲에서 나무 사이로 비치는 햇빛도 볕뉘다. 볕이 누운 걸
이르는 '볕뉘'는 이름 그대로 해가 옆에서 비칠 때 자주 나타
난다. 요컨대 볕뉘는 그늘진 곳에 잠시 비치는 햇볕이자 다른
사람으로부터 받는 보살핌이나 보호를 뜻한다.

◦ 볕뉘 | 틈을 통하여 잠시 비치거나 그늘진 곳에 닿는 작은 햇볕.

소소리바람

"한 잔 먹세그려. 또 한 잔 먹세그려.
꽃 꺾어 산가지 놓고 무진무진 먹세그려.
이 몸 죽은 후 지게 위에 거적 덮어 줄에 매여 가나,
화려한 휘장에 감겨 만인이 울며 따라 가나,
띠풀과 떡갈나무와 백양나무 숲속으로 가게 되면
누런 해 흰 달 뜨고 가랑비와 함박눈 내리고
소소리바람 불 때 누가 한 잔 권할까.
하물며 외로운 무덤 위에 원숭이 울 때
후회한들 무엇하리오."

송강 정철이 지은 '장진주사(張進酒辭)'는 권주가(勸酒歌)로 유명한데, 가랑비나 소소리바람 같은 우리말을 적절히 활용해 인생의 무상함을 잘 나타내고 있다.

'소소리바람'의 옛말은 '쇼쇼리바람'이다. 이른 봄의 맵고 스산한 바람이라는 뜻이다. 겨울이 아직 물러나지 않은 이른 봄에 꽃망울을 스치면서 살 속으로 스며드는 듯한 차고 매서운 바람이 곧 소소리바람이다.

◦ 소소리바람 | 이른 봄에 부는 차고 매서운 바람.

"여우볕이 난 것을 개는 줄로 알고
정생원이 뒤설레를 쳐서
숙소에서 불붙이듯 떠나 나왔다."

- 홍명희, 《임꺽정》

"여우 시집가고 호랑이 장가가나 보다."

- 관용어

첫 번째 예문의 '여우볕'은 비 내리는 날 잠깐 비치는 볕을 이르는 우리말이다. 그 시간이 매우 짧기에 '여우볕에 콩 볶아 먹는다'라는 속담이 생겼다. 행동이 매우 민첩함을 비유적으로 이르는 말이다.

'여우비'는 여우볕에 반대되는 우리말이며, 햇볕이 있는 날 잠깐 내리다가 곧 그치는 비를 가리킨다. 여우비는 구름 한 점 없는 맑은 날씨에 내리고, 소나기는 비구름이 있는 어두운 날씨에 내리는 차이점이 있다. 맑은 날씨에 잠깐 비가 내리면 '여우비' 혹은 '호랑이 장가간다'라고 말하는데, 여기에는 다음과 같은 유래가 있다.

민간 설화에 따르면, 꾀 많은 여우가 산에서 주인 행세하고 싶어 호랑이를 유혹했다. 호랑이의 힘을 빌려 왕 노릇을 할 수 있으리라 생각했기 때문이다. 드디어 햇살 좋은 날 혼례식을 올렸는데, 평소 여우를 짝사랑하던 구름이 눈물을 흘렸다. 눈물은 비가 되어 땅에 내렸고, 비 맞은 여우가 하늘을 쳐다보자 구름은 애써 미소를 지으며 화창한 날씨로 행복을 빌어 주었다. 이에 연유하여 볕이 난 날 잠깐 뿌리는 비를 '여우비' 또는 '호랑이 장가간다'라고 말하게 됐다.

　이와는 별개로 '여우비'는 예상치 않게 홀연히 나타났다가 사라지는 여우에 빗대어 생긴 말이다.

◦ 여우볕 | 비나 눈이 오는 날 잠깐 났다가 숨어 버리는 볕.

◦ 여우비 | 볕이 나 있는 날 잠깐 오다가 그치는 비.

"공동묘지가 있는 산등성이와 저수지가 있는
들판 어귀에는 보얀 이내가 앉아 있었다."

- 한승원, 《해일》

"아침밥을 짓느라 마을 지붕과 토담 사이로
푸르스름한 연기가 이내같이 끼고,
공동 우물터에는 벌써 두레박질 소리와
여자들 재담이 들려온다."

- 김원일, 《불의 제전》

우리말 '이내'는 두 가지 뜻을 지니고 있다. 하나는 '지체 없이 곧'을 의미하고, 다른 하나는 '해 질 무렵 멀리 보이는 푸르스름하고 흐릿한 기운'을 이른다. 후자는 모르는 경우가 많은데 이 의미 또한 알아둘 만하다. '이내'는 일몰 사진을 찍기에 매우 적당한 시간대다. 해가 진 직후 대략 15분 남짓 동안 하늘에 아지랑이 같은 기운이 생기는데 이때 멋진 풍광을 볼 수 있다. 이내가 가시면 하늘은 검은빛이 된다. 작가 이문열은 《변경》에서 이내 전후의 하늘을 다음과 같이 묘사했다.

"서쪽 산등성이 위에는 벌써 새빨간 노을이 걸리고, 그 골짜기로는 저녁 이내가 슬금슬금 끼어오는 것이 멀지 않아 어둠이 밀려올 듯했다."

◦ 이내 | 해 질 무렵 멀리 보이는 푸르스름하고 흐릿한 기운.

휘영청

"달이 휘영청 밝고, 제법 산들거리는 게
젊은 사람은 객회가 남짓한 밤이었다."

- 채만식, 《탁류》

"달은 임자 없이 휘영청했고,
늪에서 일었을 돌개바람이 한바탕 휘몰이 한 뒤로는,
모든 것이 적막하기만 한 깊은 수렁 속이었다."

- 이문구, 《오자룡》

'휘영청'은 달빛 따위가 골고루 비치어 몹시 환하게 밝은 모양
을 나타내는 우리말이다. 달빛 없는 깜깜한 밤에 대비되는 무
척 밝은 밤이며, 우리 민족은 예부터 정월 대보름에 휘영청하
게 밝은 달을 보며 소원을 빌었다.

휘영청은 '(마음이) 텅 비어 허전하다'라는 뜻의 '휘영하다'
와 관련이 있다. 구름 한 점 없이 텅 빈 밤하늘에 달빛 가득한
모양을 휘영청이라 표현한 것으로 여겨진다. 그런 상태에서
의 달은 유난히 밝게 보이므로, 달 주변의 짙푸른 하늘을 상
징하는 색채어 '청'을 붙여 휘영청이라 말하게 된 것이리라.

◦ 휘영청 | 달빛 따위가 몹시 밝은 모양.

2장

음식, 식욕과 관계된 말.

감투밥

"다문다문 콩을 놓은 하얀 쌀밥을
밥그릇이 미어지게 눌러 담은 감투밥이었다."

- 송기숙,《녹두장군》

밥심이란 말이 있을 정도로, 우리 민족은 대대로 밥을 중요시
여겼다. 힘을 쓰기 전이나 일을 마쳤을 때는 물론 누군가에게
정을 표현할 때도 밥을 수북이 담아주곤 했다. 밥그릇 위에까
지 높이 담은 밥을 '감투밥' 혹은 '고봉밥'이라고 불렀다.

감투밥의 '감투'는 말총으로 만든 쓰개를 이르는 말이며,
직물에 털과 가죽을 이용해 만든 만주족 모자 '캄투'에 어원
을 두고 있다. 만주족 사회에서 캄투는 관청과 군대에서 사용
됐는데, 조선에서도 벼슬아치만 머리에 썼다. 밥그릇 위에 높
게 얹어진 밥 모양을 감투에 빗대어 '감투밥'이라 말했으니,
밥에도 관직에 대한 동경을 담은 셈이다.

그런가 하면 고봉밥의 '고봉'은 높은 산봉우리가 아니라
'높이 받듦'이라는 뜻이다. 높을 고(高) 받들 봉(捧)이라는 음훈

에서 알 수 있듯, 제사 지낼 때 신에게 바치는 곡식과 밥을 높이 쌓아 담은 데서 비롯된 말이다. 이 역시 밥에 공경하는 마음을 담은 셈이다.

◦감투밥 | 밥그릇 위로 수북이 솟아오르도록 많이 담은 밥.

구뜰하다

"탈진해서 누워 있던 머릿방 아씨도
시척지근하고 구뜰한 밑반찬 냄새가 풍겨오자
걷잡을 수 없는 식욕을 느꼈다."

- 박완서, 《미망》

안방 뒤에 붙어 있는 머릿방에 지쳐 누워 있던 여인이 냄새에 자극받아 일어난 모습을 묘사한 문장인데, 여기서 '구뜰한'은 맛이 제법 구수하여 먹을 만하다는 뜻이다.

또 다른 꾸밈말 '시척지근한'은 '쉬어서 비위에 거슬릴 정도로 시다'라는 의미이니, 때로는 그런 냄새도 식욕을 자극하나 보다.

◦ 구뜰하다 | 변변찮은 국이나 찌개 따위의 맛이 제법 구수하여 먹을 만하다.

"반찬이라기보다 아이들이 군입으로 좋아하게
생긴 고소한 반찬들이 귀물스러워 현서방은
우선 먼저 딸년 순동이가 생각이 났습니다."

- 채만식, 《흥보씨》

"밥 뜸이 들 동안에 군입이나 다시라고 내온
탁주와 나물을 가운데 놓고……."

- 황석영, 《장길산》

현서방이 드물어서 얻기 어려운 반찬들을 보자마자 딸을 떠올렸다는 내용인데, 여기서 '군입'은 아무것도 먹지 않은 때의 맨입을 이르는 우리말이다. 무엇을 먹고 싶어서 마치 음식을 먹는 것처럼 쩝쩝거리며 입을 움직일 때 '군입 다시다'라고 말하고, 때 없이 음식으로 입을 다시는 일을 '군입정'이라 한다. '입정'은 음식을 먹거나 말을 하느라고 놀리는 입을 가리킨다. 그러므로 두 번째 예문의 '군입이나 다시라고'라는 구절은 '군입정하라고'로 고쳐 쓸 수 있다. 접두어 '군-'은 일부 명사 앞에 붙어, '덧붙인'이라는 뜻을 지니므로, '군입'은 본래 기능 이외의 입임을 알 수 있다. 즉, 끼니가 아닌데도 먹기 위해 놀리는 입이 군입이다.

◦ 군입 | 끼니를 먹지 않을 때의 맨입.

◦ 군입정 | 끼니 아닌 음식으로 입을 다심.

꾸미 고명

예전에는 고기가 귀했기에 잘게 토막토막 썰어서 찌개나 국에 넣어 나눠 먹곤 했다. 그런 고기붙이를 '꾸미'라고 말했는데, 음식 맛과 영양이 좋게끔 꾸민다는 의미를 함축한 말이다. 같은 맥락에서 떡국이나 국수 등에 얹는 고기나 튀김도 꾸미라고 한다.

'꾸미'가 귀한 고기에 방점을 찍은 말이라면, '고명'은 음식의 모양과 빛깔을 시각적으로 돋보이게 하고 맛을 더하기 위해 음식 위에 얹어 놓은 것을 이르는 말이다. 달걀을 얇게 부쳐 잘게 썬 지단이나 버섯, 실고추, 대추, 밤, 호두, 깨소금, 당근 따위를 음식 위에 뿌리거나 얹을 때 고명이라는 말을 쓴다.

꾸미는 음식물의 본질을 강조했고, 고명은 약간의 꾸밈으로 멋과 맛을 나타냈다는 차이가 있다.

고명은 눈에 띄게 잘 보이므로, 아들 많은 집의 외딸을 '고명딸'이라고 말하기도 한다.

◦ 꾸미 | 국이나 찌개 따위에 넣은 고기붙이.

◦ 고명 | 음식의 모양과 맛을 더하기 위하여 음식 위에 뿌리거나 얹는 것을 통틀어 이르는 말.

달보드레하다

"오미자 물로 만든 다식(茶食)은
색깔이 불그스름하고 맛은 달보드레하다."

"도다리쑥국은 깔끔한 시원함에
달보드레한 국물이 쑥 향과
차분하게 어우러진 맛이다."

음식 맛을 표현한 '달보드레한'이라는 말은 입에 당길 정도로 약간 단맛을 이르는 우리말이다. 달큼한 맛에 보드라운 느낌이 있다는 뜻이니, 연하게 달큼함을 일러주는 말이다. 다시 말해 너무 달지 않고, 감칠맛이 있을 정도로만 단 것이 '달보드레'다. 일반적으로 음식의 단맛을 나타낼 때 쓰지만, 연인의 사랑스러운 분위기나 상황을 비유적으로 표현할 때 사용하기도 한다.

◦ 달보드레하다 | 입에 당길 정도로 조금 달다.

"밥상이 물려진 뒤에 계월향은 오래간만에 김응서가
자시던 상을 돌려놓고 일부러 대궁밥을 먹었다."
- 박종화,《임진왜란》

"쇤네가 대궁술이 궁해서 올라온 줄 아십니까요?"
- 김주영,《객주》

조선 시대 궁중에서는 국왕이나 왕비가 상에 차려진 음식을
모두 먹지 않고 일부 남기는 풍습이 있었다. 임금의 대전이나
왕비의 중궁전에서 상을 물리면, 그 전각에 소속된 큰 상궁들
이 그 수라상의 찬물(饌物)을 다른 반상기에 옮겨 놓았다가 다
음 끼니때 상궁들 밥상에 차려 먹었다. 이걸 '대궁밥', 줄여서
'대궁'이라고 말했다.

이런 풍습은 민간 양반 집안에서도 행해졌다. 집안 어른
이 가장 먼저 상을 받은 뒤 물리면, 부엌에서 다시 정갈하게
상을 차려 안채 여자나 어린이가 먹었다. 이런 관습은 단순히
먹다 남긴 음식이란 뜻만 아니라 어른이 아랫사람에게 먹을
것을 준다는 의미도 지니고 있다.

요컨대 대궁밥은 웃어른이 먹고 남은 음식을 아랫사람이

받아서 먹는 풍속을 이르는 말이지만, 세월이 흐르면서 '밥그릇 안의 먹다 남은 밥' 혹은 '먹고 그릇에 남긴 밥'을 이르게 됐다. 마찬가지로 '대궁술'도 '먹다 남긴 술'을 가리킨다.

○ 대궁 | 먹다가 그릇에 남긴 밥.

"한 집에 가서 보니 동네 사람 네댓이 모여 앉아서
쇠머리 도르리를 하는데 정작 술이 없데그려."

- 홍명희,《임꺽정》

"어제 동네에서 추렴으로 소 한 마리를 잡았다."

- 안수길,《북간도》

동네 사람들이 소머리 고기를 똑같이 나눠 먹고 있는데, 정작
술이 없다는 뜻이다. '도르리'의 옛말은 '되로리'이며, 본래 여
러 사람이 음식을 돌려가며 제각기 내는 일을 가리켰다. 나중
에는 똑같이 나눠 주거나 고루 나눠 주는 일도 의미했다. 여러
사람이 함께 야외로 놀러 갈 때 저마다 마련해 온 이런저런 음
식을 도르리해서 먹는 경우가 많다.

이에 비해 '추렴'은 돈이나 물품을 여러 사람이 나눠 내는
것을 이르는 우리말이다. 따라서 두 번째 예문은 마을 사람들
이 돈을 걷어 소 한 마리를 사서 잡았다는 뜻임을 알 수 있다.

◦ 도르리 | 여러 사람이 음식을 차례로 돌려 가며 내어 함께 먹음. 또는 그런 일.

◦ 추렴 | 여럿이 얼마씩 돈이나 물건 등을 나누어 내거나 거둠.

맛
맛
으
로

"맛맛으로 몇 개 따가는 것이 아니라
이것은 숫제 훑어가 버리는 것이다."

- 이무영,《농민》

'맛맛으로'는 '입맛을 새롭게 하기 위하여 여러 가지 음식을
조금씩 바꾸어 가며 색다른 맛으로'라는 뜻의 우리말이다. 따
라서 예문은 이것저것 맛을 보기 위해서가 아니라 아예 훑어
가듯 대부분 과실을 따갔다는 뜻임을 알 수 있다.

　잔칫집이나 뷔페에 가면 여러 음식이 있으니 맛맛으로 먹
기 좋으며, 갖가지 곡식과 과일이 익는 가을이 되면 다양한 먹
거리가 입맛을 돋운다. 요즘에는 맛있는 음식을 맛맛으로 즐기
고자 이른바 여기저기 맛집을 찾아다니는 사람도 많다. 하지만
좋은 음식도 맛맛으로 먹어야지 계속 먹으면 금방 물린다.

◦ 맛맛으로 | 이것저것 조금씩 색다른 맛으로 또는 입맛이 당기는 대로.

"오이 장수 하나가 들어가더라도
우선 꼴 갖춘 머드러기는 처음부터 젖혀놓고
고자리 먹은 처질거리부터 골라……"

- 송기숙,《암태도》

"기철이란… 모두 잘난 체하는 기씨네 중에도
그중 잘난 체하는 머드러기 인물이다."

- 박종화,《다정불심》

'머드러기'는 무더기로 있는 과실이나 생선 가운데서 가장 굵
거나 큰 것을 이르는 우리말이다. 과일 장수는 머드러기를 따
로 골라내어 몇 개씩 묶어 팔고, 처질거리들은 많이 묶어 팔곤
한다. '처질거리'란 품질, 크기 따위가 다른 것들에 비해 뒤떨어
지는 것을 가리킨다. 크기에 상관없이 과일이 쌓여 있으면, 손
님은 대부분 머드러기부터 찾아 고르기 일쑤다. 머드러기가 사
실상 좋은 품질을 의미하므로 여럿 가운데서 가장 뛰어난 사람
도 머드러기에 비유했다. 따라서 두 번째 예문의 기철은 잘난
체하기는 해도 어느 정도 뛰어난 인물임을 알 수 있다.

◦머드러기 | 여럿 가운데서 가장 좋은 물건이나 사람.

◦처질거리 | 다른 것보다 못한 물건.

버무리

"말이 점심이지 개떡 조각과 조밥 덩이 쑥버무리를
가지고 와서 끼니를 에우는 사람이 많다."
- 이기영, 《신개지》

"그들의 도시락은 고작해야 삶은 고구마가 아니면
호박버무리였으며 잡곡밥을 싸 오는 사람도 없었다."
- 문순태, 《타오르는 강》

'버무리'는 여러 가지 재료를 한데 뒤섞어 만든 음식을 이르는 말이다. 쑥버무리는 쌀가루와 쑥을 한데 버무려서 시루에 찐 떡이고, 호박버무리는 쑥 대신 호박을 넣어 만든 떡이다. 본래 쌀가루에 콩이나 팥 따위를 한데 버무려 찐 떡을 '버무리'라고 했으며, 다른 재료를 넣었을 때 쑥버무리, 호박버무리처럼 주된 재료를 앞에 넣어 구분해서 말했다. 옛날에 버무리떡은 가난한 사람들이 만들어 먹었기에, 작가 홍성원은 《육이오》에서 음식이 부족한 상황을 다음과 같이 묘사했다.

"난리 전에는 음식 축에도 못 드는 쑥버무리와 보리 개떡
까지 버젓이 내다 팔았다."

○ 버무리 | 여러 가지를 한데에 뒤섞어서 만든 음식.

"커억, 용배씨는 버캐 같은 건침을 입안에 긁어모았다."
- 김용만, 《그리고 말씀하시길》

간장, 된장, 고추장을 독에 담아 먹던 시절, 장독 뚜껑을 열면 버캐를 볼 수 있었다. '버캐'는 간장이나 오줌 따위의 액체 속에 섞여 있던 소금기가 엉겨서 뭉쳐진 찌꺼기를 이르는 말이다. 간장독이나 된장독에는 시간이 흐를수록 버캐가 많이 끼기 마련이고, 바짝 마른 입술 가장자리에도 버캐가 낀다. 일반적으로 버캐는 '소금버캐'를 가리키며, 곶감 겉에 당분이 돋아 나와 하얗게 앉은 것은 '사탕버캐'라고 말한다.

한편, 버캐는 엉겨서 굳어진 감정 따위를 비유하기도 한다. "그와는 감정의 버캐가 남아서 얼굴 보기가 껄끄럽다"처럼 쓸 수 있다.

° 버캐 | 액체 속에 섞여 있던 소금기가 엉겨 뭉쳐진 찌꺼기.

번가루

수제비나 칼국수를 만들려면 먼저 밀가루를 반죽해야 하는
데, 이때 물손을 맞춰 가며 덧치는 가루를 '번가루'라고 한다.
'물손'은 반죽, 밥, 떡 따위의 질거나 된 정도를 이르는 우리말
이다. 또한 반죽을 밑판에 놓고 밀대로 밀 때도 번가루를 쳐서
달라붙지 않도록 한다.

○ 번가루 | 곡식 가루를 반죽할 때 질고 된 정도를 맞추어 가며 덧치는 가루.

46

"그리고 밤껍질이랑 보늬가 잔뜩 떠 있는
물그릇을 마루로 내가며……."
- 박경리, 《토지》

"길 옆은 개천과 자갈밭이었고,
눈이 한 꺼풀 덮여 있었다."
- 황석영, 《삼포 가는 길》

꺼풀 | 보늬

밤의 딱딱한 겉껍질을 벗기면 거친 섬유질의 속껍질이 나오는
데, 그걸 '보늬'라고 말한다. 밤뿐만 아니라 도토리, 땅콩 등 두 겹
으로 된 열매 안 속껍질도 보늬라고 부른다. 보늬는 대체로 떫은
맛이 나는데, 이는 여린 알맹이를 지키려는 나무의 보호 및 방어
작용이라 볼 수 있다. 이에 비해 '꺼풀'은 여러 겹으로 된 껍질이
나 껍데기의 층을 말한다. 밤이나 잣은 꺼풀이 두 개이지만, 양
파나 양배추는 꺼풀이 매우 많다. 인체에서 눈알의 위아래에 꺼
풀이 하나 있으면 외꺼풀, 속주름이 있으면 두 겹처럼 보이므로
쌍꺼풀이라고 말한다. 또한 꺼풀은 거죽을 싸고 있는 껍질의 켜
를 가리킨다. 하늘에서 내린 함박눈이 땅을 덮은 것도 꺼풀이고,
오래된 집의 벽은 여러 꺼풀 도배된 경우가 많다.

◦ 보늬 | 밤이나 도토리 따위의 속껍질.

◦ 꺼풀 | 여러 겹으로 된 껍질이나 껍데기의 막.

자밤

"당면뿐인 잡채와 삶아 누른 돼지고기가
두어 자밤씩 올라 모양만 냈던 듯한데……."

- 이문구,《우리 동네》

서양에서는 요리하는 방법을 알려줄 때 대개 컵이나 스푼을 기준으로 설명한다. 그런데 우리나라에서는 적당량, 약간, 조금이라고 모호하게 말하는 경우가 많다. 특히 소금이나 깨소금을 그렇게 말하면 듣는 이는 난감하다. 이럴 때 적당한 말이 있으니 바로 '자밤'이다. 자밤은 나물이나 양념을 손가락 끝으로 집을 만한 분량을 세는 단위를 가리키는 말이다. 깨소금 한 자밤, 소금 두 자밤 이런 식으로 말하면 된다. 언젠가 인터넷에서 '꼬집'이라는 표현을 본 적이 있는데 자밤을 사용하면 될 일이다. 위 예문은 아주 적은 분량을 자밤이란 낱말로 강조했음을 알 수 있다.

○ 자밤 | 나물이나 양념 따위를 손가락 끝으로 집을 만한 분량.

"찰밥과 쇠고기를 넣은 미역국에……
저냐며 생선찜이며 과일까지 놓여 있었다."
- 송기숙, 《녹두장군》

'저냐'는 얇게 저민 고기나 생선 따위에 밀가루를 묻히고 달걀 푼 것을 씌워 기름에 지진 음식을 가리키는 말이다. '기름에 지진 물고기'라는 뜻으로 '전유어(煎油魚)'라고도 하는데, 그 말 이 변해서 '저냐'가 됐다. 쇠고기를 얇게 저며 기름에 지진 음 식도 '저냐'라고 불렀으며, 그 외의 재료를 사용하면 저냐 앞 에 재료 이름을 붙여 말했다. 생굴에 밀가루를 묻혀서 지지면 '굴저냐', 소나 돼지 따위의 간을 얇게 저며 지지면 '간저냐', 돼 지고기를 얇게 저며 동글납작하게 지지면 '돈저냐'라고 불렀 다. 이 중 '돈저냐'는 근대에 이르러 고깃덩이를 잘게 다지고 뭉쳐 동그랗게 지진 '동그랑땡'이란 파생어를 낳았다.

◦ 저냐 | 생선이나 고기를 얇게 저며 밀가루와 달걀을 씌워 기름에 지진 음식.

토렴

"그릇에 삶은 국수를 담고 뜨거운 장국으로 토렴한 후 그 위에 고기와 달걀지단을 얹으면 국수가 완성된다."

- 요리 상식

가스레인지나 전자 제품이 없던 시절, 지금처럼 언제든 따뜻한 밥을 먹기는 힘들었다. 또한 여러 사람을 한꺼번에 대접하려면 미리 준비해야 할 필요도 있었다. 하여 미리 지어둔 찬밥에 뜨거운 국물을 부어 따뜻하게 만드는 요리 기술이 생겼는데, 이를 '토렴'이라고 한다. 토렴은 밥이나 국수에 뜨거운 국물을 부었다 따랐다 하여 데우고 불리는 과정을 말한다. 이 말 자체는 물들였던 옷감의 빛깔을 도로 빨아내는 일을 가리키는 염색 용어 '퇴염 (退染)'에서 비롯됐다. 염색한 색깔이 너무 짙다고 판단될 때 맑은 물에 여러 차례 담갔다 꺼냈다 하며 농도 낮추는 일이 '퇴염'이다. 이에 연유하여 밥이나 국수 따위에 따뜻한 국물을 부었다 따랐다 하며 데우는 일을 비유하여 '토렴'이라고 말하게 됐다.

○ 토렴 | 밥에 뜨거운 육수를 여러 번 부었다가 따라내어 덥히는 일.

3장

심정, 기억을 나타낸 말.

감 | 감
치 | 돌
다 | 다

"큰길을 나서자 나는 어느새 그녀가 누님처럼
따뜻하게 감쳐 오는 것을 느끼며
오래간만에 뭉클한 서글픔이 안겨들었다."

- 이호철,《소시민》

"흉가 같던 집안에 사람의 기척이 생겨나
온통 따스한 훈기가 감도는 것을 느꼈다."

- 황석영,《장길산》

첫 번째 예문의 '감쳐 오다'라는 말은 '잊히지 않고 항상 마음에 감돌다'라는 뜻이다. 다시 말해 머리에서 떠나지 않고 계속 생각나는 것을 '감치다'라고 말한다. 본래 실의 올이 풀리지 않게끔 둥글게 감으며 꿰매는 걸 이르는 말이다. 음식 맛이 입에 잊히지 않고 계속해서 감도는 것도 '감치다'라고 한다. 이에 비해 '감돌다'는 기운 및 냄새 따위가 널리 퍼져 있다는 뜻을 지닌 우리말이다. 예컨대 향로에 피운 향내가 방안에 퍼져 있을 때 '감돌다'라고 표현한다. 머릿속에 생각이나 기억이 사라지지 않고 아련하게 떠오를 때도 '감돌다'라고 말한다.

○ 감치다 | 잊히지 아니하고 늘 마음에 감돌다.

○ 감돌다 | 생각이나 감정이 가득히 어려서 떠돌다.

"거리로 나온 재철이는 누이도 못마땅하고
부친이 거워 놓은 비위가 가라앉지 않아서……."
- 염상섭, 《택일하던 날》

"막걸리라는 소리가 어멈의 성미를 거웠다."
- 나도향, 《행랑 자식》

거
우
다

뭔가에 비위가 상하거나 심사가 뒤틀릴 때가 있는데, '거우다'는 그런 감정을 나타낸 우리말이다. 15세기에는 '건드리다'를 이르는 말이었으나 18세기부터 '건드리거나 집적거려 성나게 하다'라는 뜻으로 통했고, 누군가로부터 자극받아 갑자기 화났을 때 썼다. 심술보는 가만히 있는 사람을 공연히 거우어 반응을 보고, 집안의 말썽꾼은 누가 성미를 거우면 참지 못하고 뛰쳐나간다.

○ 거우다 | 건드리거나 집적거려 성나게 하다.

게
염

"그렇다고 단주에게 게염을 느끼는 것이 아니라
커다란 호기심이 솟으면서
싱글벙글 그를 바라보는 것이었다."

- 이효석,《화분》

누군가를 부러워하며 느끼는 시기심을 표현하는 말로 '시샘'
과 '게염'이 있다. 시샘은 자기보다 잘되거나 나은 사람을 괜
히 미워하고 싫어함을 뜻하고, 게염은 부러운 마음에 시샘하
여 탐내는 욕심을 의미한다. 시샘은 부러워하면서 지지 않으
려는 마음에 방점이 찍혀 있고, 게염은 부러운 나머지 탐내는
욕심을 강조한 말이다.

∘ 게염 | 부러운 마음에 시샘하여 탐내는 욕심.

"이 세상에서 옳은 사람 노릇은 못하였을지라도
지하에 가서 그른 귀신 되기는 면할 듯
생각이 들어서 맘을 여러 번 도슬러 먹었소이다."

- 홍명희, 《임꺽정》

"잔뜩 벼르고 있던 흥선은 명복 아기의
천진한 얼굴을 보자 도슬러 먹었던 마음이
봄눈 녹듯 슬어졌다."

- 박종화, 《전야》

도스르다 / 벼리다

두 예문에 등장하는 '도슬러'의 기본형 '도스르다'는 '무슨 일을 하려고 별러서 마음을 가다듬다'라는 뜻이다. 유의어 '벼리다'는 정신을 가다듬거나 긴장시킴을 이르는 말인데, 본래 무뎌진 날을 불에 달구고 두드려 날카롭게 만드는 걸 가리킨 데서 비롯된 말이다. 칼날을 벼리려면 긴장을 늦추면 안 되므로 '벼리다'는 마음을 가다듬어 긴장된 상태를 비유하는 말로도 쓰게 됐다. 이처럼 '벼리다'가 마음을 가다듬는 데 초점을 두었다면, '도스르다'는 마음을 다잡아 긴장한 상태를 강조한 말이다.

○ 도스르다 | 무슨 일을 하려고 긴장하여 마음을 다잡아 가지다.

○ 벼리다 | 정신을 가다듬거나 긴장시키다.

두남받다 | 두남두다

"대개 집장사령 노릇 하는 사람은
다 조금씩 손대중으로 농간을 부려서 혹 죄인을
두남두기도 하고 혹 죄인을 더 골리기도 하였다."

- 홍명희, 《임꺽정》

"더군다나 여자가 귀한 집안이어서
꽤나 두남받으며 자랐던 모양이더라구."

- 김소진, 《쌍가매》

첫 번째 예문에 나오는 '집장사령'이란 관아에서 곤장으로 죄인 볼기를 때리던 사람을 가리킨다. '두남두다'란 어떤 사람의 잘못이나 허물을 편들어 두둔해 줄 때 쓰는 말이다. 집장사령이 자기 기분에 따라 죄인을 갖고 놀았음을 알 수 있다.

'호랑이도 자식 난 골에는 두남둔다'라는 속담도 있다. 이는 범도 제 새끼를 사랑하고 아끼는데 하물며 사람은 더 말할 것도 없이 비록 나쁜 짓을 할지라도 자식을 감싸준다는 뜻이다. 요컨대 '두남두다'는 '잘못이 있어도 가엾게 여겨 도와주다'라는 뜻이다.

두 번째 예문의 '두남받다'는 남다른 도움이나 사랑을 받음을 가리키는 말이다. 어떤 일이든 편을 들어 허물조차 감싸주는 남다른 사랑이라는 의미가 담겨 있다. 외동이라서 두남

받고 자란 아이는 버릇이 나빠질 수도 있으므로 부모는 자식 교육에 있어서 그 점을 유의해야 한다.

○ 두남두다 | 그 잘못이나 허물을 편들어 두둔해 주다.

○ 두남받다 | 남다른 도움이나 사랑을 받다.

띠앗

"다음의 일천 년간은 동족 일문(一門)끼리
띠앗이 사납다가는 배기지 못할 터이니 무엇보다도
먼저 내적 통일을 해야 하겠다 하여……"

- 최남선, 《백두산 근참기》

"우리는 각아비자식들이라 하나 노상에서 만나
타관 풍파 속에서 맺은 한 형제들입니다.
집안끼리 띠앗머리가 이렇게 사나워서야 되겠습니까?"

- 김주영, 《객주》

'각아비자식'은 어머니는 같으나 아버지가 각각 다른 형제를 가리키는 말이고, '띠앗'은 형제나 자매 사이에 서로 사랑하고 위하는 마음을 이르는 우리말이다. 속된 말로는 '띠앗머리'라고 한다. 형제자매가 많을 경우, 띠앗이 좋기도 하고 아웅다웅하기도 한다. 후백제 시조인 견훤은 자식들이 여러 어미의 소생으로 띠앗이 좋지 못해 불행한 말년을 보냈다. 그런가 하면 조선 시대 정약용 형제는 띠앗이 매우 좋아, 유배지에서 서로 편지를 보내며 마음을 챙겨 주었다.

'띠앗'은 한자어 우애(友愛)에 갈음하여 쓸 수 있다.

○ 띠앗 | 형제나 자매 사이의 우애심.

"한시라도 공주의 손길이 닿지 아니하면
모든 것이 불편하고 마음에 맞갖지 않은 때문이다."

- 박종화, 《다정불심》

맞갖다

'맞갖다'의 옛말인 '맞곶다'는 '맞다'라는 뜻의 '맞-'과 '갖추어
지다'의 의미인 '곶-'이 결합한 우리말이다. 무엇이 마음이나
입맛에 맞게끔 갖추어진 상태를 뜻한다. 입에 맞갖지 않은 음
식, 마음에 맞갖지 않은 일자리처럼 주로 '맞갖지 않다'의 형
태로 쓰인다.

◦ 맞갖다 | 마음이나 입맛에 꼭 맞다.

미쁘다 │ 미덥다

누군가 진실하고 믿음직하게 느껴질 때 '미쁘다'라는 말을 쓴다. '미쁘다'란 어떤 사람에 대해 조금도 의심할 여지 없이 진정으로 믿음성이 있어서 예뻐 보일 때 사용하는 우리말이다. '미쁘다'는 사람 마음씨에만 쓴다. 이에 비해 '미덥다'는 든든할 정도로 믿음성이 있다는 뜻이다. 반대로 믿음성이 없어 마음에 차지 않을 경우 '못 미덥다', '미덥지 못하다'라고 표현한다. 예컨대 게으른 사람에게 일을 맡기면 못 미덥다. 그런가하면 '믿음직하다'라는 말은 확신까지는 아니지만, 꽤 믿을만한 데가 있을 때 쓴다.

◦ 미쁘다 | 믿음성 있고 진실하다.

◦ 미덥다 | 믿음성이 있다.

비쌔다

비쌔구 저쌔다

"군산 바닥에서는 의학이나 자연과학 서적은
사놓는 대로 팔리지 않으니까
소용이 닿지 않는다고 다뿍 비쌘 뒤에,
그래도 정 팔겠다면 한 팔십 원에나
사겠다고 배를 튕겼다."

- 채만식, 《탁류》

홍정하는 상황을 묘사한 문장인데, 조금이라도 싸게 사려는
구매 심리를 잘 나타내고 있다. '다뿍'은 분량이나 정도가 정해
진 범위보다 조금 넘치는 모양을 나타내는 말이니, 전혀 관심
없는 양 심드렁한 태도를 보인 것이다. '심드렁하다'가 마음에
탐탁하지 않아 관심이 거의 없음을 나타낸 말이라면, '비쌔다'
는 속으로는 관심이 많으나 겉으로 안 그런 체하는 걸 이르는
우리말이다. 마음에 있으면서도 이러쿵저러쿵 흠집을 잡으면
서 응하지 않을 때 '비쌔구 저쌔다'라고 말하는데, 여기서 '저쌔
다'는 고자세로 배짱을 부린다는 뜻의 우리말이다.

◦ 비쌔다 | 마음은 있으면서 안 그런 체하다.

◦ 비쌔구 저쌔다 | 마음에 있으면서도 이런저런 흠을 잡으며 극구 사양하다.

서머하다

애처로운 모습이 안타까워 대하기 미안한 마음이 들 때 '서머하다'라고 말한다. '서머'를 한 번 더 강조한 '서머서머하다'는 매우 미안하여 볼 낯이 없음을 나타내는 말이니, 비바람이 불 때의 풍경을 묘사한 문장에서 '서머서머하다'는 '몹시 미안하여 차마 대할 낯이 없다'라는 뜻임을 알 수 있다. 작은 산(山)들을 추위에 떨며 미안해하는 모습으로 의인화한 표현에서 작가의 따스한 마음이 느껴진다.

○ 서머하다 | 미안하여 대할 낯이 없다.

○ 서머서머하다 | 매우 미안하여 볼 낯이 없다.

"심찬수가 섯 김에 몸을 일으킨다."

- 김원일, 《불의 제전》

섯

누군가로부터 뭔가 자극받았을 때 불끈 감정이 치솟을 때가 있는데, 그렇게 순간적으로 일어나는 격한 감정을 '섯'이라고 한다. 모욕을 받았거나 매우 불쾌한 일을 겪으면 섯이 일어나기 마련이다. 이른바 갑질을 심하게 당했지만, 차마 섯을 내지 못하고 속으로 삭이는 경우도 이따금 볼 수 있다.

그런가 하면 어떤 말을 듣고 화를 냈다가 이내 오해나 의심이 풀려 불끈 일어난 노여움이 가라앉으면 '섯 삭다'라고 말한다. 섯이 사그라졌다는 뜻이다.

◦ 섯 | 서슬에 불끈 일어나는 기분이나 감정. 불끈 일어나는 감정.

◦ 섯 삭다 | 불끈 일어났던 감정이 풀리다.

속바람 | 속사람

"연산은 분함을 못 이기어 사지를 부르르 떨었다.
속바람이 얼어날 듯하다."

- 박종화, 《금삼의 피》

"박성녀가 딸 자랑을 하고 싶은 것은
그의 인물보다도 속사람이 커진 것처럼
보이는 까닭이었다."

- 이기영, 《고향》

'속바람'은 몹시 지친 때에 숨이 차고 몸이 떨리는 현상을 이르는 우리말이다. 몸속에 찬바람이 들어간 듯 숨결이 고르지 않고 몸이 떨리는 상태를 나타낸 말이다. '속사람'은 겉모습이 아닌 마음속, 다시 말해 겉으로 나타나지 않는 사람의 됨됨이를 가리키는 말이다. 일반적으로 겉보기보다 속사람이 좋아야 호감을 얻는다. 그러하기에 같이 있을 때 대화를 나누면서 속사람에 반해 사랑에 빠지는 경우를 종종 볼 수 있다. 그런 면에서 속사람은 몸속에 들어 있는 감정의 인격체라 말할 수 있다.

◦ 속바람 | 몹시 지친 때 숨이 고르지 않고 몸이 떨리는 현상.

◦ 속사람 | 품성이나 인격의 측면에서 본 사람의 됨됨이.

"저도 이제는 기생 노릇 하기가 시틋합니다."

- 박종화, 《전야》

"이제는 홀아비살림이 입에서
신물이 들도록 진정 시틋하단 말이야."

- 박종화, 《삼국풍류》

시
틋
하
다

어떤 일에 물리거나 지루해져서 싫증이 날 때 '시틋하다'라는
말을 쓴다. 처음에는 괜찮았으나 시간이 흐르면서 마음이 내
키지 않아 시들해지는 게 곧 '시틋하다'다. 직장에 처음 발을
들여놓을 때는 의욕 넘치게 일하다가 이삼 년 지나면 시틋해
져서 의욕을 잃을 수 있고, 연일 회의가 계속되고 길어지면 회
사 생활이 시틋해질 가능성이 높다.

∘ 시틋하다 | 물리거나 질려서 매우 싫증이 난 기색이 있다.

애오라지

"그의 핼쑥한 표정이 애오라지 미순이
자기의 문제 때문만이 아님을 그녀는 또한 알고 있었다."
- 이문희,《흑맥》

"게섬이의 흠칫하는 몸의 동작이
애오라지 할머니의 손에 알려지나 게섬이는
그 이상 더 움직이지 못하고 다시 척 늘어져 버린다."
- 한설야,《탑》

두 예문에 등장하는 '애오라지'의 의미는 각기 다르다. 첫 번째 예문의 애오라지는 절절한 마음을 담은 '오로지'라는 뜻이다. 부모 마음은 애오라지 자식을 위하고, 멀리 일하러 간 연인을 기다리는 사람은 애오라지 그 사람 생각뿐이다.

두 번째 예문의 애오라지는 '마음에 부족하나마 겨우'를 의미한다. 넉넉하지는 못해 마음에 차지 않지만 그래도 아쉬운 대로의 마음을 담은 말이다. 두 번째 예문에서 할머니는 게섬이의 상태를 살짝 느끼고 있다. 용돈이 부족할 때는 "애오라지 이것밖에 없나" 하면서 아껴 쓸 생각을 하기 마련이다.

◦ 애오라지 | '오로지' 또는 '마음에 부족하나마 겨우'를 강조하여 이르는 말.

"천하절색이라고 입에 침이 없이 칭찬받던 계집을
한 번 보지도 못한 것이 앵하기도 하려니와……."

- 현진건, 《무영탑》

"막둥이는 약이 올랐다.
별안간 앵하고 이를 욱 물더니 비호같이 달려들어
인동이의 앙가슴을 대가리로 콱 받았다."

- 이기영, 《고향》

앵
하
다

좋은 기회를 놓치거나 손해를 봐서 분하고 아까울 때 '앵하
다'라고 말한다. 집을 팔자마자 그 집값이 많이 오르면 왠지
손해를 본 것 같아 앵하고, 좋아하는 유명인을 간발의 차이
로 보지 못했을 때도 앵해질 것이다. 또한 자기가 생각해 낸
쓸모 있는 물건을 다른 사람이 먼저 발명했을 때나, 발표회에
서 자기가 말하려던 것과 비슷한 내용을 누군가 먼저 발표할
때도 앵해진다.

요컨대 손해를 본 것 같은 생각이 들든 실제로 손해를 보
았든 간에 분하고 안타까울 때 '앵하다'라는 말을 쓴다.

◦ 앵하다 | 기회를 놓치거나 손해를 보아 분하고 아깝다.

우릿하다

실제로 당한 것은 아니지만 뭔가에 세게 맞은 듯 몸이 묵직하게 쑤시는 듯한 느낌이 들 때 '우릿하다'라는 말을 쓴다. 첫 번째 예문의 '우릿한'이 바로 앞서 설명한 의미로 쓰였다.

마음에 묵직하게 큰 느낌이 전해질 때도 '우릿하다'라고 표현한다. 두 번째 예문의 '우릿한'은 마음속으로 깊이 감동하여 떨리는 상태에 있다는 뜻이다. 사람들은 친구로부터 전혀 예상치 못한 좋은 선물을 받았을 때, 지친 상태에서 가족의 따스한 위로를 받았을 때 가슴이 우릿해짐을 느낀다.

◦ 우릿하다 | 깊고 진한 감동을 느껴 떨리는 상태에 있다.

"서성구는 경비병의 그 자닝한 짓거리를
차마 못 보겠다는 듯 돌아서서 머리통을 감싸 쥐고 있다."

- 김원일,《불의 제전》

자닝하다

'자닝하다'는 사람이나 사태 따위가 애처롭고 불쌍하여 차마 눈 뜨고 보기 어려움을 나타낸 말이다. 조선 중엽 기록된《계축일기》에 보이는 '잔잉ᄒᆞ다'가 어원이며, 가해자의 잔인함이 느껴질 정도로 당한 피해자의 처참한 모양을 나타냈다. '잔인하다'가 '인정 없고 몹시 모질다'라는 뜻이라면, '자닝하다'는 '처절한 애처로움'에 방점을 찍은 말이다. 옛날에 능지처참을 당한 이의 시신은 자닝하기 이를 데 없었고, 오늘날에도 전쟁터에서는 자닝한 참상이 벌어지고 있다. 경영자의 무능 때문에 파산한 회사 직원들은 자닝하게 거리로 내쫓기고 있다.

○ 자닝하다 | 애처롭고 불쌍하여 차마 보기 어렵다.

잔생이

"김서방이 주삼의 안해에게 잔생이 곤욕을 당하고는 뒤를 따라올 용기가 없어졌다."

- 홍명희,《임꺽정》

누군가에게 시달리면 피곤해지기 마련이다. 예문은 '잔생이'라는 낱말을 통해 그걸 잘 표현했다. '잔생이'는 두 가지 의미를 지닌 부사다. 남의 충고나 명령을 지긋지긋하게 듣지 아니하는 모양, 남에게 어떤 요구를 들어 달라고 애처롭게 자꾸 사정하는 모양이 그것이다. 예문의 경우 후자이므로, 김서방은 주삼의 아내가 애걸복걸한 게 신경 쓰여 머뭇거리게 됐음을 알 수 있다. 고집 센 아이는 부모 말을 잔생이 안 들을 때가 많고, 절체절명 위기에 빠진 사람은 살려달라고 잔생이 빌 것이다.

◦ 잔생이 | 지긋지긋하게 말을 듣지 아니하는 모양. 애걸복걸하는 모양.

"잘 속았소, 잘 속았어. 남을 속이더니 잘코사니이오."

- 홍명희,《임꺽정》

"아무도 잘코사니라고,
개 패듯이 더 두들기라고 부추기지는 않았다."

- 윤흥길,《묵시의 바다》

"밑천도 없어가지고 구성없이 덤벼들어,
남 골탕멕이기 일쑤더니, 그저 잘꾸사니야!"

- 채만식,《탁류》

잘코사니

'잘코사니'란 미운 사람이 불행하거나 잘못되는 것을 속으로 고소하게 여길 때, 재미있게 된 일이라는 뜻으로 사용하는 우리말이다. 명사로 '미운 사람이 당한 불행한 일이 고소하게 여겨짐'을 뜻하고, 감탄사로 '미운 사람이 당한 불행을 고소하게 여길 때 내는 소리'를 이른다. 옛말은 '잘코셔니'이며, 잘꾸사니 혹은 잘코사니로 말해지다가 잘코사니가 표준어로 정해졌다.

◦ 잘코사니 | 미운 사람이 당한 불행한 일이 고소하게 여겨짐.

지청구

"영감 하나가 내 뒤에 선 젊은 양복 친구의 앞을
비집고 들어오려다가 들키고는 지청구를 먹었다."

- 채만식,《상경반절기》

"어쩌다 노는 틈에 그가 춘광이를 따라가면
삼촌은 떼 놓고 가려고 지청구를 퍼부었다."

- 이기영,《봄》

누군가 하는 짓이 마음에 들지 않아 불쾌할 때 '남을 꾸짖거나
탓하며 원망하는 핀잔'을 '지청구'라고 한다. 일반적으로 미
운 짓을 하거나 하지 말라는 짓을 계속하면 지청구를 듣기 십
상이다. 예컨대 길을 나설 때 따라오지 말라는 데도 따라가면
지청구를 듣게 되고, 일을 제대로 못하는 직원은 상사로부터
지청구를 수시로 듣고, 해마다 결혼기념일을 기억하지 못하
는 남편은 아내로부터 지청구 들을 가능성이 높다.

◦ 지청구 | 못마땅하게 여기며 남을 탓하고 원망하는 짓.

"독한 술로 입술을 축일 때는 피로한 신경이나 휘청거렸던 피가 맑게 개고 찹찹하던 기분이 백지로 돌아가는 듯도 싶었지마는……."

- 염상섭,《유서》

예문의 '찹찹하다'는 갈피를 잡을 수 없이 뒤섞여 어수선함을 이르는 '착잡하다'와 다른 말이다. 착잡(錯雜)은 '섞일 착', '섞일 잡'이란 음훈 그대로 마음에 이런저런 것이 뒤섞여 어수선한 상태를 의미한다. 이에 비해 '찹찹하다'는 포개어 쌓은 물건이 엉성하지 아니하고 차곡차곡 가지런하게 가라앉아 있음을 나타낸 형용사다. 물건이 정리되어 있으면 마음이 안정되므로, 비유하여 마음이 들뜨지 아니하고 차분할 때도 '찹찹하다'라고 말한다. 예문의 '찹찹하던'은 '차분해졌던'이란 뜻임을 알 수 있다.

◦찹찹하다 | 마음이 가라앉아서 차분하다.

풀치다 | 풀쳐생각

"정숙이 일껏 책망한 것을 이치수는
농으로 풀쳐 버리고……."
- 김교제, 《모란화》

"저 사람들에게 이미 이렇게
우리들의 위세를 보인 마당에 더 보복하는 것도
옳지 않을 것 같아 마음 풀쳐 먹기로
작정을 했소이다."
- 송기숙, 《녹두장군》

무슨 일을 당한 후 억울함이 크면 그 일을 쉽게 잊지 못한다. 그런가 하면 사소한 일로 다퉜음에도 나쁜 감정을 오래 지니기도 한다. 둘 모두 맺힌 게 있는 상태이므로 마음이 편하지는 않다. 하여 스스로 마음을 풀기도 하고, 어떤 형태로든 복수한 후 용서하기도 한다. 우리말 '풀치다'는 잊지 않고 맺혀 있던 마음을 돌려 너그럽게 용서할 때 쓴다. 첫 번째 예문처럼 가볍게 농담으로 풀칠 수 있고, 두 번째 예문처럼 위세를 보인 후 풀칠 수 있다. 명사 '풀쳐생각'으로도 쓸 수 있는데, '맺혔던 생각을 풀어버리고 스스로 위로함'이라는 뜻이다.

○ 풀치다 | 맺혔던 생각을 돌려 너그럽게 용서하다.

○ 풀쳐생각 | 맺혔던 생각을 풀어버리고 스스로 위로함

[4장]

성질, 품성과 관련된 말.

가살쟁이 — 가살궂다

"심청궂은 동네서는 살아도
게살궂은 동네서는 못 산다."

- 속담

'심청궂다'는 '심술궂다', '게살궂다'는 '가살궂다'의 사투리다.
위 속담은 '심술궂은 동네에는 살아도 가살궂은 동네에는 못
산다'라는 뜻이 된다. 그렇다면 '가살'은 무슨 뜻일까?

'가살'은 '교활하고 밉살스러운 태도' 및 '말씨나 하는 짓
이 얄밉고 되바라짐'을 이르는 말이다. 짓궂게 남을 괴롭히거
나 시기하는 마음이 심술이라면, 언행이 되바라지고 교활하
여 밉상스러운 태도는 가살이다. 위 속담은 노골적으로 심술
부리는 사람보다 안 그런 척 꾀부리는 사람이 훨씬 밉다는 걸
일러 준다. 그렇게 행동하는 사람을 '가살쟁이'라고 부른다.

- 가살궂다 | 말씨나 행동이 몹시 되바라지고, 얄미워 밉상스럽다.
- 가살쟁이 | 말, 행동이 얄밉고 되바라진 데가 있는 사람을 얕잡아 이르는 말.

"큰 닭도 여기에는 놀랐는지 뒤로 멈씰하며 물러난다. 이 기회를 타서 작은 우리 수탉이 또 날쌔게 덤벼들어 다시 면두를 쪼니 그제서는 감때사나운 그 대강이에서 피가 흐르지 않을 수 없었다."

- 김유정, 《동백꽃》

"쟁기질을 할 때는 너댓 발 가다 소를 돌려세워야 할 뿐만 아니라, 오불꼬불한 논두렁을 따라 골을 내야 하니 이만저만 감사납지가 않았다."

- 송기숙, 《녹두장군》

닭싸움을 실감 나게 묘사한 장면이다. 작은 닭이 큰 닭에 대한 반격에 성공했음을 알 수 있다. 김유정은 토속어를 잘 다룬 소설가로 유명한데, 예문을 봐도 그런 면모를 여실히 느낄 수 있다. '멈씰하다'는 멈칫하다, '면두'는 볏, '대강이'는 머리를 이르는 사투리다. '감때사납다'는 생김새나 성질이 휘어잡기 힘들게 억세고 사납다는 뜻을 지닌 우리말이다.

이 말은 일하기 어려울 정도로 바탕이 험하고 거친 논밭을 이르는 '감사납다'와 맞닿아 있다. 손을 대기 힘들 정도로 바닥이 거칠고 험할 때 감사납다고 하는데, 험악해 보이고 다루기 힘든 성질을 지닌 동물이나 사람에게도 비유적으로 사용하게 됐다.

두 번째 예문의 '오불꼬불'은 요리조리 매우 고르지 않게 구부러진 모양을 나타내는 우리말이다. 오불꼬불한 오솔길, 오불꼬불한 골목은 이리저리 불규칙하게 구부러진 좁은 길을 뜻한다.

◦ 감때사납다 | 외모나 행동이 매우 험상궂고 사납다.

◦ 감사납다 | 논밭이 일하기 어렵게 바탕이 험하고 거칠다.

◦ 오불꼬불하다 | 요리조리 매우 고르지 않게 구부러져 있다.

"사람 됨됨이가 워낙 좀스럽고
이끗에 너무 밝은 감바리라서,
같은 쇠살쭈들 사이에서도
은근히 따돌림을 당하는 눈치였다."

- 문순태,《타오르는 강》

감바리

'이끗', '감바리', '쇠살쭈'라는 우리말 뜻을 모르면 내용을 파악하기 힘든 문장이다. '이끗'은 이익이 되는 실마리를 뜻하고, '감바리'는 잇속을 노리어 남보다 먼저 약빠르게 달라붙는 사람을 얕잡아 이르는 말이다. '쇠살쭈'는 장에서 소를 팔고 사는 것을 흥정 붙이는 사람을 가리킨다.

예문의 소 흥정업자는 이익에 매우 민감하고 약삭빨라서 동업자들에게 미움을 받고 있다. 감바리의 본딧말은 '감발저뀌'이고, 어떤 사소한 이익에 살살 감돌며 누구보다 먼저 악착같이 달려드는 데서 비롯된 말이다. '감발이'라고도 하나 '감바리'만 표준어로 정해졌다.

◦ 감바리 | 잇속을 노리고 약삭빠르게 달라붙는 사람.

바지런하다 | 곰바지런하다

"집안 식구 중 누구도 닮지 않아
성격이 밝고 곰바지런하다."
- 김원일,《불의 제전》

"그 애도 눈썰미가 있고 남의 속을 두엄자리로는
안 만들 만큼 바지런하니까 머잖아
솜씨 좋은 미싱사가 될 것이다."
- 박상기,《응달의 풀》

일을 하는 모습과 결과는 사람에 따라 다르다.

'곰바지런하다'라는 말은 일 처리 과정은 시원스럽지 못하나 일하는 자세는 꼼꼼하고 바지런하다는 뜻이다. 당사자는 성실하게 열심히 일하지만, 다른 사람이 볼 때 그 결과가 썩 만족스럽지 못할 때 쓴다. '바지런하다'라는 말은 꾸준하고 열심히 일하는 태도가 있음을 뜻한다. 일의 결과에 상관없이 일하는 자세가 열성적이고 꾸준할 때 바지런하다고 말한다. 큰말은 '부지런하다'이다.

° 곰바지런하다 | 일은 잘하지 못하나 꼼꼼하고 바지런하다.

° 바지런하다 | 잠시도 일손을 놓지 않고 몸을 가볍게 움직이다.

° 바지런 | 꾸준하고 열심히 일하는 태도.

"청암부인은 효원에게 그다지 각별하지는
않았다. 본디 부인은 어느 누구에게나
곰살갑고 잔정이 많은 사람은 아니었다."
- 최명희,《혼불》

"술국을 잡는다고 어디가 떨어지는 게 아니요,
욕이 아니니 나를 보아 오늘만 좀 팔아 주기
바란다. 이런 의미를 곰살궂게 간곡히 말하였다."
- 김유정,《산골나그네》

"내가 눈치를 보이 한 분도 며눌아이한테
살갑게 대하는 법 없고."
- 박경리,《토지》

사람을 대하는 태도가 상냥할 때 '곰살갑다', '곰살궂다', '살갑
다'라는 말을 쓴다.

'곰살갑다'는 겉으로 보기보다 성질이 부드럽고 다정하다
는 뜻으로, 바라보는 사람의 선입견이 바탕에 깔려 있다. 친
절하지 않아 보이지만 의외로 따뜻하고 정이 많을 때 '곰살갑
다'라고 말한다.

'곰살궂다'는 첫인상이나 선입견과 상관없이 성질이 부드
럽고 친절할 때 쓰는 우리말이다. '곰살맞다'라고도 말한다.
사람을 대하는 태도 자체를 강조한 말이며, 그 대상에 남녀노
소를 가리지 않는다.

이에 비해 '살갑다'는 마음이 부드럽고 상냥할 때 사용하는 우리말이다. '살갑다'는 본래 집이나 세간의 속이 겉으로 보기보다는 너른 경우를 나타낸 말이었고, 살갗에 스치는 바람이 부드럽게 느껴질 때도 쓴 말이었다. 여기에서 나아가 보기보다 마음이 넓거나 부드러울 때도 살갑다고 표현하게 됐다.

○ 곰살갑다 | 성질이나 태도가 무척 상냥하고 다정하다.

○ 곰살궂다 | 태도나 성질이 다정하고 싹싹하다.

○ 살갑다 | 마음씨가 상냥하고 부드럽다.

"어머니의 등에 업혀서 밤새도록
그악스럽게 울어 대는
애처로운 어린 환자도 있었다."

- 정비석, 《색지풍경》

"사촌 형수가 사람이 그악하여
보우가 임피 절에 있을 때에 사촌의 집에 가서
찬밥 한술을 잘 얻어먹지 못하였었다."

- 홍명희, 《임꺽정》

그악스럽다 | 그악하다

두 예문에 나오는 '그악'은 모질고 사나움이란 뜻을 지닌 우리말이다. '그악스럽다'라는 말은 보기에 성질이 사납고 모진데가 있다, '그악하다'라는 말은 정도가 심하게 사납고 모질다는 의미로 통한다. 대체로 인심이나 인정이 전혀 없는 사람을 가리킬 때 쓴다. 예컨대 여관 주인이 그악하면 겨울 손님 방에 불을 넣어주지 않고, 땅 주인이 그악스러우면 소작인의 몫을 아주 조금만 준다.

◦ 그악스럽다 | 보기에 사납고 모진 데가 있다.

◦ 그악하다 | 장난 따위가 지나치게 심하다.

따끔령 냉갈령

"오늘 밤에는 그 말을 하려고
가까스로 입을 벌렸다가
그만 냉갈령을 맞고 쫓겨나온 것이다."
- 채만식,《탁류》

"천하 익살꾼인 조망태도 아내의 냉갈령이
하도 서릿발이 치자 완전히 얼빠진 얼굴이었다."
- 송기숙,《녹두장군》

'냉갈령'은 몹시 얄미울 만큼 매정하고 쌀쌀한 태도를 뜻하는 우리말이다. 한자어와의 교잡을 거쳐 굳어진 말인데, 어원은 명확하지 않다. '냉갈'은 매캐한 연기(煙氣)를 이르는 전라도 사투리인데, 인정머리 없고 매정스러운 태도와의 연관성은 알 수 없다. 의미는 다르지만 '따끔령'도 알아둘 만한 우리말이다. 정신을 바싹 차리도록 따끔하게 내리는 명령이라는 뜻이며, 여기서 '따끔'은 찔리거나 꼬집히는 듯한 아픈 느낌을 말한다. 뾰족한 것에 찔리거나 꼬집힌 것처럼 따끔한 명령이 '따끔령'이다.

○ 냉갈령 | 몹시 인정 없고 쌀쌀한 태도.

○ 따끔령 | 정신을 바싹 차리도록 따끔하게 내리는 명령.

"피차에 조심하자는 소리를 가지고 뭘 그렇게
살쐐기 쏘는 소리를 하는고?
김연태가 너울가지 있게 웃고 나왔다."

- 송기숙,《암태도》

"김오봉이도 자기 집에 드는 손님한테는 살갑기가
무작스러운 대로 너울가지가 있어 그게 미더워 그런지
다른 술집보다 술손이 더 꾀어 셈속이 꽤 쏠쏠했다."

- 송기숙,《녹두장군》

누군가를 처음 만났을 때 매우 어색해하는 사람이 있는가 하
면 말을 걸어 자연스럽게 대화를 나누는 사람이 있다. 후자처
럼 '남과 쉽게 잘 사귀는 솜씨'를 가리켜 '너울가지'라고 한다.
요즘은 사교성(社交性)이라는 한자어를 많이 쓰는데, '너울가
지'는 사교성 외에 붙임성, 포용성까지 담고 있으므로, 좀 더
폭이 넓은 말이라고 할 수 있다.

　예문에 등장하는 다른 우리말도 알아둘 만하다. '살쐐기'
는 쐐기에 쐰 것 같이 살이 부르터 가렵고 따끔거리는 피부병
을 가리키고, '쏠쏠하다'는 품질이나 수준, 정도 따위가 웬만
하여 기대 이상이라는 뜻이다.

∘너울가지 | 남과 잘 사귀는 솜씨.

늘품

"가까운 어느 숲속에 와서 장끼 한 마리가 늘품 없는
꽉 막힌 목청으로 까투리를 부르고 있었다."

- 윤흥길, 《완장》

"계봉이는 몸집이고 얼굴이고 늘품이 있다.
아무 데고 살이 있어서 북실북실하니 탐스럽다."

- 채만식, 《탁류》

요즘 '장래성(將來性)'이라는 말을 쓰는데, 그에 대응하는 우리 말이 있으니 바로 '늘품'이다. 늘품은 앞으로 좋게 발전할 가능성이 있는 품성이나 품질을 가리키는 말이다. 첫 번째 예문의 늘품은 짝짓기 할 까투리가 나타나게 만들 재능을 의미하고, 두 번째 예문의 늘품은 앞으로 잘될 가능성을 뜻한다. 어린이가 하는 행동을 보고 늘품을 판단하기도 하고, 배우자를 고를 때 상대의 늘품을 가늠하기도 하며, 현재의 명성보다 늘품을 보고 회사를 선택하기도 한다.

° 늘품 | 앞으로 좋게 발전할 품질이나 품성.

"거드럼 거리는 들때밑,
이 녀석한테 당하였다면 이 몸을 어쩌노."

- 이효석, 《분녀》

"대불이는 양 진사가 시키는 일이
번연히 잘못된 것이라는 것을 알고도
웃전이 시키는 대로 지악스럽게
들때밑 노릇을 해 왔으며……."

- 문순태, 《타오르는 강》

들
때
밑

권력을 가진 사람들은 대개 세도를 부리고, 그 집안에 딸린 하인들도 주인의 그런 행태를 보고 따라 하는 경우가 많다. 조선 시대에 세력 있는 집에 사는 오만하고 완악한 하인을 '들때밑'이라고 불렀다. '마구 때리다'라는 뜻의 동사 '들때리다'에 어떠한 대상의 지배를 받는 처지인 '밑'이 합쳐진 말이다. 세력 있는 주인의 지배를 받으면서 다른 사람에게 행패 부리듯 고약하게 처신하는 하인을 가리켰다.

○ 들때밑 | 세력 있는 집의 오만하고 고약한 하인을 이르는 말.

떠세

예나 지금이나 권력을 가졌거나 재력을 지닌 사람이 그렇지 않은 사람을 우습게 여기는 경우가 드물지 않다. 요즘에는 '갑질'이라는 말까지 회자되고 있는데, 상대적으로 우위에 있는 자가 상대방에게 오만무례하게 이래라저래라 하며 제멋대로 구는 짓을 이르는 말이다. 갑질에 해당하는 우리말이 있으니 바로 '떠세'다. 갑을 관계에서 갑은 을보다 상대적으로 더 큰 권력이나 재력을 지녔으니 말이다. '떠세'는 재물이나 힘 따위를 내세워 젠체하고 억지를 쓰는 짓을 가리킨다. 그렇게 행동하는 것을 '떠세하다'라고 한다.

◦ 떠세 | 재물이나 권력 따위를 내세워 젠체하고 억지를 쓰는 짓.

◦ 떠세하다 | 재물이나 힘 따위를 내세워 젠체하고 억지를 쓰다.

말재기

"그 뫼 쓴 후에 삼학산 깊은 곳에
춘삼월 꽃 필 때가 되면 이상한 새소리가 나는데
그 새는 밤에 우는 새라.
무심히 듣는 사람은 무슨 소린지 모르지마는
유심히 들으면 너무 영절스럽게 우니,
말재기가 그 새소리를 듣고 춘천집의 원혼이
새가 되었다 하는데 대체 이상하게 우는 새라."

- 이인직,《혈의 누》

'영절스럽다'는 아주 그럴듯하다는 뜻이고, '말재기'는 쓸데 없는 말을 수다스럽게 꾸미어 내는 사람을 이르는 말이다. 예 문은 뭔가 연상시키는 슬픈 새소리를 듣고, 누군가 그럴듯하 게 말을 꾸몄다는 내용이다.

다양한 사람이 모여 지내는 곳에는 대개 말재기가 있고, 그로 인해 이따금 분란이 일어난다. 옛날 마을에는 남의 집 작 은 일을 부풀려 소란을 일으키는 말재기가 있었고, 근대에 이 르러서는 학교나 회사 혹은 사회 동호회에서 말재기가 쓸데 없는 말로 말썽을 일으키는 일이 많다.

◦ 말재기 | 쓸데없는 말을 꾸며내는 사람.

몽니 | 행짜 | 용골때질

> "몽니쟁이로 유명한 춘실이가
> 이런 일을 달갑게 할 리 만무하였다."
> - 이기영, 《두만강》
>
> "행짜를 거두지 않을 작정인 듯했다.
> 무슨 수를 써서든 돕지 않으면 아무 죄도 없는
> 청년 하나만 결딴날 거라 해서……."
> - 윤흥길, 《완장》
>
> "김학자님이 집에 오실 때마다 싫다고
> 용골때질을 부려도 두 분은 웃어넘기곤 하였다."
> - 김태연, 《그림 같은 시절》

'몽니'는 정당한 대우를 받지 못할 때 권리를 주장하기 위해 심술부리는 성질을 이르는 말이다. 다시 말해 받고자 하는 대우를 제대로 받지 못할 때 부아가 나서 부리는 심술이 몽니다. 그럴 때마다 심술궂게 욕심부리는 사람을 '몽니쟁이'라고 하고, 마음에 들지 않는 일을 당해 사납게 심술이 날 때 '몽니나다'라고 말한다. 몽니가 약하면 투정 정도로 보이지만, 몽니가 사나우면 상대에게 괴로움을 준다. 몽니는 해로울 수도 있고 그렇지 않을 수도 있다.

이에 비해 '행짜'는 자신이 원한 바에 상관없이 '심술을 부려 남을 해롭게 하는 일'을 가리킨다. 몽니는 특정한 사람을 대상으로 하지만, 행짜는 특정, 불특정을 가리지 않고 부리는 행패다. 예컨대 늦은 밤 술에 취해 아무에게나 행짜를 부리는 사람들이 있다. 두 번째 예문에서 행짜로 인해 아무 죄도 없는 청년이 다칠 우려가 있으리라 묘사된 이유가 여기에 있다.

'용골때질'은 심술을 부려 남을 부아나게 하는 짓을 의미한다. 용골대는 1636년 2월 사신으로 조선에 와서 군신(君臣)의 의(義)를 요구하여 거절당하자, 그해 12월 10만 대군을 거느리고 쳐들어온 청나라 장군이다. 병자호란 후 억지를 써서 상대의 부아를 돋운 후 못된 짓하는 것을 일러 '용골때질'이라고 말하게 됐다. 용골대처럼 못된 짓을 한다고 해서 생긴 말이며, 된소리로 '용골때질'이라고 쓴다.

◦ 몽니 | 받고자 하는 대우를 받지 못할 때 내는 심술.

◦ 행짜 | 심술을 부려 남을 해롭게 하는 행위.

◦ 용골때질 | 억지 쓰고 심술을 부려 남을 화나게 하는 짓.

무람없다

"구민식은 여느 때 자기 앞에서 거의 의식적으로
무람없는 짓을 함부로 해 보이곤 하는 정짝귀의
부은 입 모습을 건너다보면서 입을 열었다."

- 한승원, 《해일》

"술을 먹는 것도 화풀이 술이요,
카페의 여급 모양으로 무람없이 손님의 담배를
제 마음대로 피워 무는 것도 화풀이로
그러려니 하는 생각이 들었지만……."

- 염상섭, 《삼대》

둘 사이에도 예의가 있고 여러 사람이 모인 자리에서 갖춰야
할 예절이 있건만, 제멋대로 처신하는 사람이 있다. 예의를 지
키지 않으며 삼가고 조심하는 것이 없을 때 쓰는 말이 '무람없
다'다. '스스럼없고 어려워하는 티가 없다'라는 뜻이며, 상대
가 어른임에도 혹은 서로 얼굴을 잘 아는 친한 사이여서, 예
의를 지키지 않음을 이르는 말이다. 후배가 무람없는 농지거
리를 해도 너그럽게 웃어넘기는 선배가 있는가 하면 호통치
며 나무라는 선배도 있을지니 조심할 일이다.

◦ 무람없다 | 조심스럽지 못하고 예의를 지키지 않아 버릇이 없다.

96

"성님도 물렁팥죽이지.
그깐 녀석을 요절을 내버리지 못한단 말요?"

- 심훈, 《상록수》

"언니는 이런 데 있을 사람이 못 돼요.
언닌 너무 착해 빠졌어요. 물렁팥죽이에요."

- 최인호, 《지구인》

물렁팥죽

남에게 부탁을 받았을 때 들어줄 만한 상황이 아닌데도 거절 못 하는 경우가 있는데, 마음 여린 사람이 특히 그렇다. 주머니가 가벼운 가난한 처지임에도 거리에 앉은 거지를 보고 그냥 지나치지 못하는 사람도 마음 여린 사람이다. 이렇듯 마음이 여리고 약한 사람을 '물렁팥죽'이라고 말한다.

팥죽은 팥을 삶아 체에 으깨어 밭친 후 쌀을 넣어 쑨 죽인데, 마음 상태를 그런 물렁한 팥죽에 비유한 말이다. 마음이 단단하면 무조건 나서지 않지만, 마음이 약하면 어떤 외부 자극에도 쉽게 뚫리기 때문이다.

◦ 물렁팥죽 | 마음이 무르고 약한 사람을 비유적으로 이르는 말.

반지빠르다

첫 번째 예문의 '반지빠르다'는 언행이나 됨됨이가 수더분한 맛이 없이 얄미울 정도로 민첩하고 약삭빠르다는 뜻이다. 흔히 자기 실속만 챙기고 너무 빈틈없으면 인간미 없다고 하는데, 그런 사람을 '반지빠르다'라고 말한다. 약삭빠른 얌체는 워낙 얄밉기에 '반지빠르기는 제일이라'라는 속담이 생겼는데, 되지도 못한 것이 교만스러워 아주 얄밉다는 말이다. 반지빠른 기질은 선천적인 경향이 강하기에 소설가 염상섭은《젊은 세대》에서 다음과 같이 썼다.

"한 배에서 나온 형제라도 이런 반지빠른 아이들을 다루기가 힘이 드는데……"

두 번째 예문의 '반지빠르다'는 첫 번째와 의미가 전혀 다르다. 무엇이 어중간하여 쓰기에 알맞지 않을 때도 '반지빠르다'라고 말한다. 예문의 주인공은 현재 머리 길이를 마음에 들지 않아 하고 있음을 알 수 있다.

◦ 반지빠르다 | 언행이 얄밉게 약삭빠르고 어수룩한 구석이 없다.

불땔꾼 방망이꾼

"일이 잘되어 가는 판에
방망이꾼이 등장해 망치고 말았다."

"일이 한참 잘되어 나가는 터에
난데없이 방망이꾼들이 헤살을 놓는다."

"행수님께서 저를 배심 먹은 불땔꾼으로 아시고
일부러 흔단을 놓으시려는군요."

- 김주영, 《객주》

무슨 일이 한창일 때 난데없이 끼어들어 훼방을 놓는 사람이 있는데, 그런 방해자를 우리말로 '방망이꾼'이라고 한다. 누군가 방망이를 휘두르며 일을 엉망으로 만든 데서 비롯된 말이다.

조선 시대에 육모방망이를 지니고 다닌 순라군이 방망이 꾼으로 유력하지만 확실하지는 않다. 어찌 됐든 통행금지 이후 순라군이 육모방망이를 휘두르는 소리는 나쁜 짓을 모의하던 도둑들의 오금을 저리게 만들었다. 20세기 이후에는 좋고 나쁜 짓과 관계없이 남의 일에 끼어들어 간섭하고 방해하는 사람을 방망이꾼이라고 이르고 있다.

방망이꾼의 품성은 알 수 없으나, 유의어 '불땔꾼'은 심사가 바르지 못한 사람을 이르는 말이다. '불땔꾼'은 하는 짓이 사납고 남의 일에 헤살을 놓는 사람을 가리킨다. '헤살'은 남의 일이 잘 안 되도록 짓궂게 방해함을 뜻하는 우리말이다. 세 번째 예문의 '배심'은 의리를 저버리려는 마음, '흔단(釁端)'은 서로 사이가 벌어지게 되는 실마리를 이르는 한자어다.

◦ 방망이꾼 | 남의 일에 끼어들어 방해하는 사람을 낮잡아 이르는 말.

◦ 불땔꾼 | 심사가 비뚤어져 하는 짓이 사납고 남의 일을 방해하는 사람.

불퉁가지

"도련님, 변 사또의 불퉁가지는
심상하게 두고 볼 것이 아닙니다."
- 《춘향전》

"섭섭하겠지만 그 녀석도 기백이 있고
염량도 없지 않아서 불퉁가지를 낸 것이니
아우님도 신세 한탄을 마시오."

- 김주영, 《야정》

낱말의 어감에서 느낄 수 있듯이, '불퉁가지'는 온순하지 않으며 무뚝뚝하고 퉁명스러운 성질을 의미하는 우리말이다. 퉁명스럽게 심술부리는 짓을 '불퉁이'라고 하고, 불만스러운 얼굴로 자꾸 성을 내며 매우 퉁명스럽게 말하는 것을 '불퉁대다'라고 한다. 일반적으로 걸핏하면 불끈 성내는 성질을 지닌 사람이 불퉁가지를 잘 내며, 별것도 아닌 일에 불퉁가지를 부린다.

◦ 불퉁가지 | 순하지 않고 퉁명스러운 성질.

"마누라가 어찌나 빠꼼이인지
속여넘기기도 어려우니 말이야."

- 김소진, 《사랑니 앓기》

"담당 취조관이 조서를 뒤로 미룬 것은
내가 워낙 빠꼼이라 잘못했다가는 오히려 다치겠다는
생각에서 발뺌할 준비를 하는 것이다."

- 이철용, 《어둠의 자식들》

빠꼼이

어떤 일에 있어 모르는 것이 없이 훤한 사람을 '빠꼼이'라고
한다. 원래는 어떤 일이나 사정에 훤하여 눈치 빠르고 약은 사
람을 이르는 도둑들의 은어였으나, 이내 어떤 방면에 막힘없
이 통달하여 눈치 빠른 사람을 가리키는 속어로 쓰였다. 불경
기에도 불황용 상품으로 돈을 버는 빠꼼이 사업가가 있고, 유
원지에서 어떤 자리가 좋은지 잘 찾아다니는 빠꼼이도 있다.

◦ 빠꼼이 | 어떤 방면에 대해 통달할 정도로 훤한 사람.

샘
바
르
다

자기보다 잘 되거나 나은 사람을 괜히 미워하고 싫어하는 마음을 '시샘' 혹은 '샘'이라 하고, 시샘하는 마음이 유난히 심한 경우 '샘바르다'라고 한다. '시기하다'라는 뜻을 지닌 동사 '새오다'에 '정도가 심함'을 나타내는 동사 '브르다'가 더해져 생긴 말이다. 요컨대 '샘바르다'는 시샘하는 마음이 많음을 나타내며, '샘바리'는 샘이 많은 사람을 가리킨다.

◦ 샘바르다 | 샘이 심하다.

◦ 샘바리 | 샘이 많아 안달하는 성질이 강한 사람.

"촌색시일망정 슬금한 여자라
거짓말을 꾸밀 생각이 나서
잠깐 고개를 숙이고 있다가……"

- 홍명희, 《임꺽정》

사람들은 외모로 상대를 판단하는 경향이 있다. 3초 만에 초면인 사람의 인성을 평가한다는 첫인상 속설은 이를 뒷받침한다. 미련하게 생겼다, 똑똑해 보인다, 사악한 사람 같다 등등 이런저런 일을 겪어보지 않고 저마다 나름의 판단을 내린다. 그런 직감이 맞는 때도 있지만 그렇지 않은 때도 드물지 않다. 우리말 '슬금하다'는 그런 태도를 반성하게 만든다. 겉으로 보기에는 미련해 보이지만 속마음은 슬기롭고 너그럽다는 뜻이니 말이다. 겉모습만으로 누군가를 얕보다가 슬금한 상대에게 큰코다치지 않도록 조심하는 게 바람직하다.

◦ 슬금하다 | 겉보기에는 미련하지만 속으로 슬기롭고 너그럽다.

호주머니
슬기주머니

한복에는 주머니가 없어서 두루주머니를 허리춤에 매달아 작은 물건을 넣을 때 사용했다. '두루주머니'는 주둥이에 주름을 만들고 그 속에 줄을 넣어 잡아당겨서 닫도록 만든 주머니를 이르는 말이다. 정초에 복을 비는 뜻으로 어린이에게 매어 준 두루주머니는 '복주머니'라고 한다. 그리고 이에 비유하여 지혜로운 꾀가 많은 사람을 '슬기주머니'라고 불렀다. 오성 이항복은 어린 시절 장난꾸러기였지만 영리한 슬기주머니이기도 했다.

'호주머니'는 만주 북쪽에 사는 오랑캐 옷에 달린 주머니를 가리키는 말이었다. 그들은 전투나 수렵할 때 여러 작은 물품을 넣어 다니고자 주머니를 주렁주렁 달았는데, 우리 민족이 그걸 보고 '호주머니'라고 불렀다. 이처럼 '오랑캐(胡) 주머니'로 통하던 호주머니는 양복이 전해진 개화기 때 영어 명칭 포켓(pocket)의 번역어로 쓰였고, 그때부터 우리 옷에도 호주머니가 생겼다.

◦ 슬기주머니 | 남다른 재능을 지닌 사람을 비유적으로 이르는 말.

◦ 호주머니 | 물건을 넣어 담고 다닐 수 있도록 옷에 대거나 겹들여 만든 천.

신청부

"놈이 우습게도
꾸물거리고 엄동과 주림이 닥쳐와도
눈 하나 끔뻑 없는 신청부라,
우리는 가끔 그 눈곱 낀 얼굴을
놀릴 수 있을 마치 흥미를 느낀다."

- 김유정, 《떡》

소설가 김유정이 쓴 '신청부'는 본래 근심, 걱정이 많으나 자기 일은 전혀 돌아보지 않는, 게으르고 무능한 사람을 가리키는 말이었다. 이 말은 나중에 '근심 걱정이 많아 사소한 일을 돌아볼 여유가 없는 사람'을 이르는 말로 쓰이게 됐다. 또한 걱정이 많아 사소한 일은 좀처럼 돌아볼 틈이 없음을 나타내는 말로도 쓰였다. "그는 신청부라서 휴일에도 편히 쉬지 못한다"라고 하면 걱정거리가 많아서 휴일조차 마음 편히 쉬지 못한다는 뜻이다.

° 신청부 | 근심 걱정이 많아 사소한 일을 돌아볼 여유가 없는 사람.

"어서 나와서 쌀도 씻고 불도 지피고 할 것이지
저녁이 이렇게 저무는데
아기뚱하고 방구석에 처박혀 앉았기만 하느냐고
여지없이 지천을 하였던 것이다."

- 채만식,《얼어 죽은 모나리자》

아
기
뚱
하
다

예문의 '아기뚱하다'는 언행이 매우 거만하고 앙큼한 데가 있음을 의미한다. '지천하다'는 꾸짖음을 이르는 말이다. 따라서 교만하고 앙큼하게 앉아 있기에 꾸짖었음을 알 수 있다. 몰래 말썽을 피워놓고 누군가 물어보면 전혀 그런 적이 없던 것처럼 아기뚱하게 다른 말을 하거나, 해야 할 일이 있음에도 자기 일이 아닌 양 아기뚱하게 딴짓하는 사람도 있다.

∘ 아기뚱하다 | 사람이나 그 언행이 교만하고 앙큼하다.

악지

"계월향은 최후의 반항으로
악지를 피워 몸부림친다."

- 박종화, 《임진왜란》

"사내 네 사람은 곧 청석골 사람들이니
길막봉이는 힘으로 내밀고 배돌석이는 악지로 막고
서림이는 뒤로 차차 밀리는데……."

- 홍명희, 《임꺽정》

두 예문에 등장하는 '악지'는 잘되지 않을 일을 억지로 해내려는 고집을 뜻한다. 따라서 계월향은 사태가 이미 기울었음을 알고도 저항하느라 몸부림쳤고, 배돌석이도 감당하기 버겁지만 계속 버텼음을 알 수 있다.

이처럼 안 되는 줄 알면서 버티는 고집이 '악지'다. "어린 녀석의 악지가 보통 아니다"라고 하면 쉽게 말을 듣는 아이가 아니라는 뜻이다. 유의어 '억지'는 생각이나 주장을 무리하게 내세우는 고집이고, '악지'는 안 되는 줄 알면서도 버티는 의지를 강조한 우리말이다.

∘ 악지 | 잘 안 될 일을 무리하게 해내려는 고집.

"종혁은 시장 안다니로 유지급에 속했고……."
- 이정환, 《샛강》

"안다니 나흘장 간다 카더마는 또 그 안다니
새설 나오누마. 나는 새가 화살에 맞는 거는 정한 이치고
물고기가 낚시에 걸리는 것도 정한 이치고요."
- 박경리, 《토지》

'안다니'는 남들이 하는 얘기에 끼어들어 잘 아는 체하는 사람을 가리키는 말이다. 여러 사람이 산길을 걷다가 갈림길이 나왔을 때, 안내하는 쪽으로 따라갔더니 엉뚱한 곳이 나타났다면, 길을 잘 아는 체했던 사람을 '안다니'라고 부를 수 있다. '안다니'는 실제로 뭐든 잘 아는 사람일 수도 있고, 잘 아는 것처럼 허풍을 치는 사람일 수도 있다.

첫 번째 예문의 '시장 안다니'는 시장에 관한 한 무엇이든 아는 체하는 사람이고, '안다니 나흘장 간다'라는 속담은 오일장도 모르면서 서지도 않는 나흘장에 가는 것을 비꼰 말이므로, 두 번째 예문의 안다니는 허풍쟁이임을 알 수 있다.

◦안다니 | 무엇이든지 잘 아는 체하는 사람.

억척스럽다
억척보두

"어머니가 강인한 여자라는 것은
짐작하고 있었지만 정말 그처럼
억척스러운 기질의 여자라는 건 처음 알았어."
- 백도기,《청동의 뱀》

"아주 억척보두였다. 아기 젖 빨릴 시간이 지나
젖이 지다 지다 퉁퉁 부어올라도……."
- 김정한,《축생도》

무척 힘들고 어려운 일이지만 포기하지 않고 끈질기게 해 나
가는 사람이 있을 때 흔히 '억척스럽다'라고 말한다. 작은 이
가 꽉 맞물린 상태를 가리키는 '악착(齷齪)'에서 나왔다. 이를
앙다물고, 아득바득 기를 쓰는 태도가 매우 끈덕짐을 비유적
으로 쓴 말이다. '악착스럽다'는 작은말이고, '억척스럽다'는
큰말이다. 혼자서 아이 여럿을 키운 엄마는 억척스럽게 살고,
가난을 숙명처럼 지고 살아가는 고아도 억척스러울 수밖에
없다.

　억척스러움은 살아가는 자세일 뿐, 심성의 좋고 나쁨과는
상관없다. 성질이 순한 사람은 그런 모습을 나쁘게 보기도 하
지만 타인에게 해를 끼치지 않는 한 아무 문제 없다. 어찌 됐

든 억척스러운 모습은 항상 강하게 보이므로 '억척보두'라는 말이 생겼다. 속마음이 굳고 억척스러운 사람을 '억척보두'라고 하며, 일이 아무리 힘들고 어려워도 포기하지 않는 사람에게 쓴다.

◦ 억척보두 | 심성이 굳고 억척스러운 사람.

◦ 억척스럽다 | 어떤 어려움에도 굴하지 않고 매우 모질고 끈덕진 데가 있다.

왜장질 | 왜장치다

"이 사람이 조반에 화통을 삶아 먹었나,
웬 왜장질을 치고 야단이야?"

- 윤흥길, 《완장》

"그러면 결국 준비한다는 것이
되레 날 잡아가라고
왜장치는 꼴이 되지 않겠어요?"

- 송기숙, 《암태도》

누군가에게 불만이 있을 때 직접 말하지 않고 뒤에서 험담하며 화를 풀기도 한다. 이처럼 맞대어 말하지 않고 괜스레 큰소리치는 것을 '왜장질'이라고 한다. 왜장질은 불만의 상대를 밝히지 않고 헛되이 마구 큰 소리로 떠드는 짓을 가리키는 말이다. 동사 '왜장치다'는 '쓸데없이 큰 소리로 마구 떠들다'라는 뜻이다. 따라서 누가 왜장질하거나 왜장치면 듣는 사람들은 그 대상이 누구인지 짐작할 수도 있고, 전혀 모를 수도 있다. 예컨대 공동주택에 사는 한 아주머니가 지저분한 쓰레기통을 치우며 화나서 마구 왜장치는 경우가 그렇다.

◦왜장질 | 꼭 집어서 말하지 않고 헛되이 마구 큰소리로 떠드는 짓.

◦왜장치다 | 누구인지 꼭 밝히어 말하지 않고 헛되이 큰 소리로 마구 떠들다.

"청주집은 죽여도 상관없지마는
바늘귀도 꿰지도 못하는 솜씨에 옷 지어 입을 걱정이
태산 같아서 치룽구니로 한구석에 두고
제 옷 뒤나 거두게 할 꾀로
아직 살려 두자고 한 것이더라."
- 이해조, 《고목화》

"여러 말할 것 없네. 내가 아무리 이 모양이 되었어도
자네 치룽구니 노릇할 사람은 아닐세."
- 이상협, 《재봉춘》

'치룽구니'는 어리석어 쓸모가 없는 사람을 얕잡아 이르는 말
이다. 전혀 쓸모가 없는 것은 아니지만, 너무 어리석어서 그다
지 쓸모를 느끼지 못하는 사람이 곧 치룽구니다. 남들로부터
제대로 대접받지 못하는 처지를 비유적으로 이르는 '찬밥'과
조금 상통하지만, '찬밥'은 상황에 따라 쓸모 있을 수 있으나,
'치룽구니'는 본질적으로 쓸모없는 존재라는 차이가 있다.

∘치룽구니 | 어리석어서 쓸모가 적은 사람.

5 장

인체, 외모와 관련된 말.

감
쳐
물
다

"여불위는 밀려오는 회한에
입술을 지그시 감쳐물었다.
사실 아무것도 남은 것이 없었다."
- 신윤석,《초한지》

"그 숨죽인 울음소리가 너무 깊고 아파
나는 입술을 세게 감쳐물었다."
- 김별아,《봄밤의 스크린》

뭔가 생각하다가 자기도 모르게 입술을 약간 비뚜름하게 다물 때가 있는데 그런 동작을 '감쳐물다'라고 한다. 아랫입술과 윗입술을 서로 약간 겹치도록 마주 붙이면서 입을 꼭 다무는 모양이 감쳐무는 것이다.

이는 '감치다'와 '물다'가 합쳐진 말로, '감치다'는 어떤 일이나 느낌이 마음속에서 사라지지 않고 계속 감도는 것을 이른다. 진지하거나 심각한 일이 있을 때 감쳐물곤 한다. 누군가를 원망 어린 시선으로 바라볼 때나 골똘히 생각에 잠기거나 혼자 결의를 다질 때도 입술을 감쳐문다.

◦ 감쳐물다 | 아래위 두 입술을 서로 조금 겹치도록 마주 붙이면서 입을 꼭 다물다.

"분결 같이 희고, 붓끝같이 고운 손이다.
굳은살 하나, 거스러미 하나 없는 살이다."

- 이광수, 《흙》

'분결 같이'는 피부나 살결이 분(粉)의 곱고 부드러운 결처럼 희고 곱다는 뜻이고, '거스러미'는 손톱 뿌리가 박힌 자리에 살갗이 거슬거슬하게 일어난 것을 이르는 말이니, 그야말로 하얗고 매끄러운 피부를 표현한 문장임을 알 수 있다.

거스러미는 몸의 영양 상태가 좋지 않을 때 생기므로, 거스러미가 없다는 사실은 단지 보드라운 피부 상태만이 아니라 건강한 몸임을 일러주는 셈이다.

○ 거스러미 | 손톱 뒤의 살 껍질이나 나뭇결 등이 가시처럼 얇게 터져 일어나는 부분.

해사하다 | 결곡하다

얼굴 피부가 깔끔하고 능력이 뛰어난 여자가 마음에 든다는 말인데, 여기서 '결곡하다'라는 말은 단지 매끄러운 살갗만이 아니라 빈틈없이 야무진 태도까지 아우른다. 그런 맥락으로 만해 한용운은 소설 《흑풍》에 다음과 같이 썼다.

"사람의 성격이 너무 결곡하면 변통성이 없기가 쉽습니다."

이에 비해 '해사하다'는 얼굴 상태를 강조한 우리말이다. 본래는 희고 고운 얼굴을 가리켰지만, 나아가 얼굴에서 풍기는 맑고 고운 표정과 말끔한 자태까지 의미하게 됐다.

∘ 결곡하다 | 얼굴 생김이나 마음 쓰는 것이 깨끗하고 야무져서 빈틈이 없다.

∘ 해사하다 | 얼굴이 맑고 깨끗하다.

또
리
방
하
다

똘
망
똘
망
하
다

"고개를 젓는 소년의 목소리는
깡마른 것에 비해 또리방했다."

- 조정래, 《태백산맥》

대체로 '또' 자로 시작하는 단어들은 분명한 상태나 모양을 나
타낸다. 작고 딱딱한 물건으로 단단한 물체를 잇따라 가볍게
두드리는 소리는 '또닥또닥', 눈이나 목소리가 조금도 흐리지
않고 아주 똑똑하고 분명한 모양은 '또랑또랑', 작고 동그스
름한 물건이 재빠르게 구르는 선명한 소리는 '또르르'라고 한
다. 또, 흐리지 않고 매우 밝거나 똑똑한 것은 '또리방하다'라
고 말한다. '또리방하다'가 주로 소리의 또렷한 느낌을 강조
한다면, '똘망똘망하다'는 눈에서 풍기는 똘똘한 분위기를 더
강조한다는 차이가 있다.

> ∘ 또리방하다 | 흐리지 않고 매우 밝거나 또렷하다.
>
> ∘ 똘망똘망하다 | 조금도 흐리지 않고 아주 밝고 똘똘하다.

뚜렛뚜렛 / 뚜리뚜리

"초봉이는 알아듣고도 모를 소리여서
뚜렛뚜렛하는 것이다."
- 채만식, 《탁류》

"남정네들도 불문곡직 왜놈 헌병이
막 끄집어 간다는데,
젊으나 젊은 처자가 보따리 하나 따악 끼고
뚜리뚜리 어설프게 나서고 보면……."
- 최명희, 《혼불》

상대로부터 무슨 말을 들었는데, 무슨 의미인지 몰라서 어리
둥절할 때가 있다. 그럴 때 눈을 멀뚱멀뚱 뜨고 이리저리 굴
리는 모양을 '뚜렛뚜렛'이라고 한다. 다시 말해 이쪽저쪽 주
변 사람들을 휘둘러보면서 무슨 뜻인지 아느냐는 시선을 보
내거나 그저 눈을 껌벅껌벅하면서 의미 파악하느라 애쓰는
모양이 '뚜렛뚜렛'이고, 그렇게 하는 모양을 '뚜렛뚜렛하다'
라고 한다. 예전에는 '뚜리뚜리'라고도 했는데, 요즘에는 뚜
렛뚜렛만 사용한다.

◦ 뚜렛뚜렛 | 어리둥절하여 눈을 멀뚱멀뚱 뜨고 이쪽저쪽을 휘둘러보는 모양.

"다만 팔다리가 짧은 게 어쩐지,
어디가 어떻달 수 없는데 밤톨 같지가 않고
마늘각시랄까, 노르께하나 핏기 없이
흰 얼굴이 매쑥한 느낌을 안겨주는 마늘각시다."

- 박경리, 《토지》

마늘각시 우렁각시

'각시'는 갓 결혼한 여자를 이르는 말인데, 우리말에 '마늘각시', '우렁각시'라는 인상적인 단어가 있다. '마늘각시'는 흰 얼굴이 말쑥한 느낌을 안겨 주는 각시를 가리키는 말이다. 피부색이 껍질 벗긴 마늘같이 하얗고 살결이 반반하다는 뜻이다. 마늘각시는 우리 민족의 전통적 미인을 상징하는 말이다.

이에 비해 '우렁각시'는 아무도 모르게 좋은 일을 하는 것을 비유적으로 이르는 말이다. 가난한 총각이 밭에서 주워 온 우렁이가 몰래 처녀로 변신하여 밥을 지어 주었다는 설화에서 비롯된 관용어다. 이에 연유하여 우렁각시는 집안일이나 사사로운 일을 몰래 대신 처리해 주는 여자라는 의미로도 쓰인다.

◦ 마늘각시 | 껍질을 깐 마늘처럼 빛깔이 하얗고 피부가 반반한 색시.

◦ 우렁각시 | 사사로운 일을 몰래 처리해 주는 여자.

매무새	매무시	맵시

"다홍 무명적삼에 갈매 무명치마를 입었는데
매무새까지도 얌전하다."

- 홍명희,《임꺽정》

"매무시 하나 고쳐 매는 일이 없고
세수도 똑똑히 하지 못하였었다."

- 염상섭,《삼대》

'매무새'와 '매무시'는 비슷한 듯 다른 말이다. '매무새'는 옷을 매만져서 입고 난 뒤의 모양새를 나타내고, '매무시'는 옷 입을 때 옷차림이 어떠한지 살피는 일을 의미한다. 옷에 더러운 것이 묻었는지 단추는 제대로 채웠는지 등을 점검하는 걸 매무시한다고 말한다.

따라서 옷 입은 모습에 대해 평가할 때는 '매무시'를 쓸 수 없고, '매무새'라고 말해야 한다. '매무새'는 옷을 매만져서 입은 결과이고, '매무시'는 옷을 가다듬는 동작이기 때문이다. 요컨대 매무시를 가다듬어야 보기 좋은 매무새가 나오며, 매무시를 제대로 하지 않으면 매무새가 흐트러지기 마련이다.

그렇게 해서 보기 좋게 곱게 다듬은 모양새가 나왔을 때 '맵시'라는 말을 쓴다. 맵시는 매무시가 제대로 되어 매무새

124

가 보기 좋게 된 결과물이다. 사람들은 대부분 누군가를 만나기 전에 맵시를 신경 쓰는데, 멋진 맵시는 사람들 관심을 끌기 때문이다.

◦ 매무새 | 옷을 매만져서 입고 난 뒤의 모양새.

◦ 매무시 | 옷차림이 바르게 되었는지 살피며 정돈하는 일.

◦ 맵시 | 보기에 좋게 곱게 다듬은 모양새.

미주알 밑두리콧두리

'미주알'은 똥구멍에 잇닿은 창자의 끝부분을 가리킨다. 대변을 볼 때 잘 나오게끔 힘을 주는 부분이 미주알이며, 다른 사람에게는 보여주지 않는 곳이다. 누군가의 몸을 살필 때 미주알까지 본다면 숨어 있는 부분까지 본 셈이다. 여기에서 '사소한 것까지 모두 다'를 의미하는 '미주알고주알'이란 말이 생겼다. 고주알은 '미주알'과 운을 맞추기 위해 덧붙인 말이다.

오지랖 넓은 사람은 남의 일을 미주알고주알 캐서 남의 부아를 돋우는 경우가 많기에, 작가 현진건은《무영탑》에 다음과 같은 문장을 썼다.

"털이가 안 된다는 까닭을 미주알고주알 캐내서 수다 늘어놓는데 주만은 참다못하여 소리를 빽 질렀다."

일의 속사정을 자질구레한 것까지 속속들이 알아보는 걸 이르는 말은 또 있다. '밑두리콧두리'가 그 주인공이다. '밑두리'는 사물의 테두리나 바깥 언저리의 밑부분을 가리키는 말이고, '콧두리'는 운을 맞추기 위해 붙여졌다. 그릇이 온전한지 살피려면 둘레의 테두리는 물론 밑부분까지 들어서 봐야 한다. 오래된 도자기를 감정할 때 밑두리 관찰은 필수로 여겨진다. 그런 맥락에서 '밑두리'는 확실히 알기 위하여 자세히 자꾸 캐어묻는 근본을 비유하는 말로 쓰이게 됐다. 궁금한 일이 생기면 밑두리콧두리 캐묻기 마련이다.

∘ 미주알 | 똥구멍을 이루고 있는 창자의 끝부분.

∘ 미주알고주알 | 아주 사소한 일까지 속속들이.

∘ 밑두리콧두리 | 확실히 알기 위하여 자세히 자꾸 캐어묻는 근본.

방시레 | 빵시레

웃으면서 크게 소리를 낼 때가 있고, 입꼬리만 살짝 올린 채
소리 없이 웃을 때도 있다. 소리 없이 웃는 모습 중에 입을 예
쁘게 벌리어 온화하고 부드럽게 웃는 모양을 '방시레'라고 한
다. 큰말은 '벙시레', 센말은 '빵시레'다.

　태어난 지 얼마 안 된 갓난아기의 방시레는 천사처럼 보
이고, 연애에 빠진 사람 눈에 연인의 방시레는 무척 아름답
게 보이며, 뭔가 좋은 일이 있으면 자신도 모르게 방시레 웃
게 된다.

◦방시레 | 소리 없이 입을 예쁘게 벌리고 밝고 보드랍게 살그머니 웃는 모양.

"어디들 일찌거니 가셨다 오시는 길이오.
나 같은 버커리 장모를 일부러 찾아올 이치는 없는데."

- 이해조, 《빈상설》

"그들은 조선 조정쯤 골방에 들어앉은
버커리만큼도 여기지 않았다."

- 송기숙, 《녹두장군》

사람은 누구나 나이를 먹고, 늙으면 주름이 생긴다. 어떻게 관리하느냐에 따라 정도의 차이는 있겠지만 남녀 모두 노화를 피할 수 없다.

특히 피부 노화는 여성이 호르몬 변화 등으로 남성보다 더 빠른 편이다. 결혼해 오래 함께한 남편은 어느 날 문득 늙은 아내를 봤을 때 안타까움을 느끼기도 한다. 남자보다 상대적으로 피부를 더 신경 쓰며 살아온 걸 알기 때문이다. 혹은 아주 나이 많은 할머니가 고생스러운 살림살이로 여위어서 쭈그러진 자신에 대해 신세 한탄하기도 한다.

'버커리'는 늙고 병들거나 힘겨운 고생살이로 살이 빠지고 쭈그러진 여자를 이르는 말이다.

◦ 버커리 | 늙고 병들거나 고생살이로 쭈그러진 여자를 속되게 이르는 말.

"한 선배, 기왕이면 고리타분한 성현보다는
아삼삼하고 물 좋은 비바리나 어떻게 주선 좀……."
- 김소진, 《임존성 가는 길》

청춘 남녀가 인연을 만나는 방법은 크게 세 가지라고 볼 수 있다. 소개를 통해 만나거나 같은 곳에서 오랫동안 함께 활동하며 알게 되거나 우연히 만나는 일이 그것이다. 그런데 마음에 드는 이성을 우연히 만날 확률은 낮기에 소개를 받는 경우도 많다. 예문에서 주인공이 원하는 이성은 어떤 모습일까?

'성현'은 성인과 현인을 이르는 말이고, '아삼삼하다'는 은근히 마음이 끌리는 외적 매력이 있다는 뜻이다. '비바리'는 결혼하지 않은 성인 여성을 가리키는 제주도 사투리이니, 지성적인 여자보다 외모가 끌리는 여자를 바라고 있음을 알 수 있다. '아삼삼하다'는 생김새뿐만 아니라 됨됨이와 분위기가 묘하게 끌림을 아울러 의미한다.

○ 아삼삼하다 | 마음이 끌리게 묘하고 그럴듯한 데가 있다.

"눈이 작고 납작하게 짜부라진 얼굴에다
몸뚱이가 암팡져서 주먹깨나 씀 직해 보였다."
- 박영한, 《머나먼 쏭바강》

"여자들은 임을 이면 엉덩이를 잘 휘둘렀다.
색시도 물동이를 여서 그런지
팡파짐한 엉덩이를 암팡지게 휘저으며
우물로 가는 걸 태남이는
숨을 죽이고 지켜보았다." - 박완서, 《미망》

"나는 뭔가 옴팡지게 속아 살아온 것 같은 기분이 들었다."
- 이동하, 《장난감 도시》

앞의 두 예문 속 '암팡지다'라는 표현은 그 의미가 다르다.

'암팡지다'에는 두 가지 뜻이 있는데, 하나는 '몸은 작아도 힘차고 다부지다'이고, 다른 하나는 '행동이 허술하지 않고 매우 세차고 억세다'다. 첫 번째 예문의 '암팡져서'는 '야무지고 다부져서'라는 뜻이고, 두 번째 예문의 '암팡지게'는 '기세가 세차게'라는 의미임을 알 수 있다.

비슷한 듯 다른 우리말 '옴팡지다'도 두 가지 의미를 지닌다. 땅이 옴팡졌다면 가운데가 좀 오목하게 쏙 들어가 있는 상태를 말하고, 옴팡지게 얽은 얼굴은 옛날에 마마를 심하게 앓은 사람을 가리키는 말이다. '가운데가 좀 옴폭 들어간 듯하다'라는 뜻 외에도 '정도가 심하거나 지독하다'라는 의미로도 사용한다. "어제 술값을 옴팡지게 뒤집어썼다"고 하면 술에 너무 취해서 심하게 바가지 썼다는 말이다.

○ 암팡지다 | 1. 사람 몸집은 작아도 야무지고 굳세다.

2. 행동이 매우 세차고 억세다.

○ 옴팡지다 | 1. 보기에 좀 옴폭 들어간 듯하다.

2. 아주 심하거나 지독한 데가 있다.

"중년 남자들은 바지를 오금까지 걷어붙이고
아침부터 찬물 속에 들어서서
말뚝을 박아 걸창을 만들었다."

- 한설야, 《부역》

"경옥이는 다시 도리질을 하고 나서 고개를 옆으로
조금 돌렸다. 코 옆 자개미께를 유심히 보았다.
보일락말락 마마 자국이 하나 있었다."

- 송기숙, 《녹두장군》

'오금'은 인체에서 구부렸을 때 오목해지는 부분을 가리키는
말이다. 무릎 관절 안쪽의 오목한 부분이나 팔꿈치 안쪽이 바
로 오금이며, 수시로 접히는 곳이기에 오목한 금이 있다. 예
전에는 오금을 다리 혹은 걸음의 대용어로 많이 썼다. 예를 들
어 있는 힘을 다하여 다급하게 도망칠 때 "오금아 날 살려라",
뭔가 찾기 위해 바쁘게 돌아다닐 때 "오금에서 불이 나게", 해
야 할 일 때문에 바빠서 꼼짝 못 할 때 "오금을 묶다", 무슨 일
을 하고 싶어 가만히 있지 못할 때 "오금이 쑤시다"라는 관용
어를 썼다. 또, 오래 쭈그려 앉으면 혈액순환이 되지 않아 오
금이 저리기 마련인데, 잘못을 저지른 사람이 오래 꿇어앉아
처분을 기다린 데서 "오금이 저리다"라는 말도 생겼다. 잘못
이 들통나거나 나쁜 결과가 있을까 싶어 마음 졸이는 것을 이

를 때 쓴다.

'자개미'는 겨드랑이나 오금 따위의 오목하게 들어간 부분을 이르는 우리말이다. 옛말은 '쟈개얌'이며 어형 변화를 거쳐 '자개미'가 됐다. 두 번째 예문에서처럼 코 옆의 오목한 부분도 자개미라고 말한다. 무릎 안쪽은 오금이라 많이 말하므로, 주로 겨드랑이나 코 옆의 오목한 부분을 가리킬 때 자개미를 쓴다.

◦오금 | 무릎 관절과 팔꿈치 안쪽의 오목한 부분.

◦자개미 | 겨드랑이나 오금 또는 콧방울 양쪽의 오목한 곳.

"옴니암니 생각해 봐도 땅문서보다는
종 문서를 받아야……."
- 송기숙,《자랏골의 비가》

"소작 농사를 지어 가면서 근근히 연명을 하는데도
생각은 여전히 있는 사람들과 같이 네 것 내 것을
옴니암니 따지고 저 혼자만 잘살 수 있느냐 말야."
- 이기영,《두만강》

'옴니암니'는 자질구레한 것까지 다 헤아려 따지는 모양을 나타내는 말이다. '옴니'는 어금니, '암니'는 앞니가 변한 말이며, 모두 같은 치아인데 굳이 어금니니 앞니니 따질 필요가 있느냐는 뜻에서 생긴 우리말이다.

'세세한 것까지 속속들이'라는 점에서는 '미주알고주알'과 비슷하지만, '옴니암니'는 돈에 대해 좀스럽다는 의미가 한층 강하다. 주로 비용을 소소한 것까지 따질 때 쓴다. 예컨대 회사에서 간식비를 옴니암니 따지며 돈을 아끼라고 하는 모양이 그렇다. 또 여행을 계획할 때 옴니암니 헤아리면 예상보다 많은 돈이 필요함을 알게 되기도 한다.

◦옴니암니 | 소소한 것까지 좀스럽게 다 헤아리거나 따지는 모양.

틀거지

예문 내용에서 짐작할 수 있듯 '틀거지'는 듬직하고 위엄이 있는 겉모양을 이르는 우리말이다. 물건을 만드는 데 본이 되는 물건이나 일정한 격식, 형식을 뜻하는 '틀'에 한자어 '거지(擧止)'가 더해져 생긴 말이다. '거지'는 몸을 움직여서 하는 모든 짓을 가리키며, '행동거지(行動擧止)'의 줄임말이다. 따라서 '틀거지'는 틀이 잡힌 행동거지임을 알 수 있다.

나이 들면 저마다 틀진 모습이 나타나기 마련이며, 그렇게 형성된 나름으로 듬직한 겉모양을 틀거지라고 한다. 가령 초등학교 동창을 수십 년 만에 만났을 때 틀거지가 있어 보인다.

◦ 틀거지 | 듬직하고 위엄이 있는 겉모양.

"하나같이 너무너무 말끔하게 생겨 있었고,
훤칠한 허우대의 미남자들이었다."
- 이호철,《문》

"비굴한 두뇌 노동 또는 허울 좋은
정신노동보다는 육체노동이 낫다고
나는 생각하고 있소."
- 이병주,《행복어 사전》

"허우대하며 행동거지가 막되고 왜골스러운
가운데서는 더욱 출중하게 보이는지라……"
- 김주영,《객주》

'허우대', '허울', '왜골' 모두 겉모습을 나타낸 말이지만 의미는 조금씩 다르다.

'허우대'는 겉으로 드러난 사람 몸집을 가리키며 주로 체격이 크거나 보기 좋을 때 쓴다. "허우대가 좋다"라고 하면 몸집이 크거나 보기 좋은 비율의 몸매를 가졌다는 뜻이고, "허우대만 멀쩡한 놈"이라고 하면 겉보기만 좋을 뿐 행실이 마땅치 않다는 뜻이다.

'허울'은 '생긴 겉모양', 사실상 실속이 없는 겉모양을 가리키는 말이다. '허울'은 비단 사람뿐만 아니라 사물에도 부정적인 의미로 사용한다. '허울 좋은 도둑놈'이라는 속담은 겉으로는 멀쩡하여 보이나 하는 짓이 몹시 흉악한 사람을 이르고, '허울 좋다'라는 관용구는 '실속은 없으면서 겉으로는 번지르르하다'라는 뜻으로 쓴다.

'왜골'은 허우대가 크고 언행이 얌전하지 않은 사람을 이르는 말이다. 몸집은 크지만 하는 짓이 어수선하고 말이 시끄러운 사람이 곧 왜골이다. 또한 그렇게 행하는 모습을 '왜골스럽다'라고 한다.

◦ 허우대 | 겉으로 드러난 사람의 몸집.

◦ 허울 | 생긴 겉모양.

◦ 왜골 | 허우대가 크고 말과 행실이 얌전하지 못한 사람.

"한 마리의 학이 양쪽으로
활개를 쭉 펴고 있는 것이다."

- 이병주,《행복어 사전》

"귀남 아비는 어디로 가는지 두 활개를 치며
걸어 내려가는 것이었다."

- 박경리,《토지》

첫 번째 예문의 '활개'는 새의 활짝 편 두 날개를 가리키는 우리말이다. 하늘을 자유롭게 날고자 새가 두 날개를 활짝 편 모습은 매우 인상적인데 그걸 표현한 말이 활개다. 나뭇가지에 앉아 있던 두루미는 하늘로 날아갈 때 활개를 치고, 솔개는 사냥할 때 활개를 쭉 편 상태로 상공을 유유히 날아다닌다.

두 번째 예문의 '활개'는 사람의 어깨에서 팔까지 또는 궁둥이에서 다리까지의 양쪽 부분을 이르는 말이다. 사람은 편하게 잘 때 네 활개를 벌리기 일쑤고, 군인들은 행진할 때 활개를 저으며 씩씩하게 걷는다. 모처럼 바깥나들이 나설 때는 신나서 두 활개를 휘저으며 걷기 마련이다.

그런데 혼자 있는 공간에서는 문제없지만, 여럿이 있는 곳에서 멋대로 활개 치면 다른 사람에게 해를 끼칠 수 있다.

그런 연유로 '활개 치다'라는 말이 '부정적인 것이 크게 성행하다'라는 의미로도 쓰인다. 폭력배들이나 마약 밀수꾼이 활개를 치면 세상이 타락했다는 뜻이나 다름없다.

◦ 활개 | 사람이 활짝 펴서 움직이거나 벌린 두 팔과 두 다리.

[6장]

움직임, 행위를 나타낸 말.

가로새다

"장교들이 배 타는 사람 기찰하는 것을
유복이가 멀찍이서 바라보고 장교들 눈에
뜨이기 전에 가로새어서 미타산으로 들어갔다."

— 홍명희, 《임꺽정》

장교(將校)는 군무를 담당한 낮은 직급의 벼슬아치이고, 기찰(譏察)은 범인을 체포하려고 수소문하고 염탐하며 행인을 검문하는 일을 이르는 말이다. 예문은 관군의 눈을 피해 슬며시 다른 길로 빠져 미타산으로 들어갔다는 뜻이다.

우리말 '가로새다'는 '가던 길에서 옆길로 빠지다'라는 뜻이며, '가로'에는 '옆으로'라는 의미가 있다. 비유하여 '가로새다'는 '이야기가 다른 방향으로 빗나가다', '어떤 내용이나 비밀이 밖으로 새다'라는 뜻으로도 쓴다. 자식 자랑하기를 좋아하는 사람은 이런저런 말을 하다가 가로새어 자식 자랑을 하고, 첩보원끼리 약속한 사실이 가로새면 위기에 빠지게 된다.

◦ 가로새다 | 중간에 슬그머니 다른 곳으로 빠져나가다.

"올려가느라 고생할 것 없고 지키느라
고생할 것도 없을 게다. 나르는 중에 돈이고 쌀이고
다 가무려버렸을 테니 말이다."

- 박태원,《갑오농민전쟁》

"읍내는 어둠 속에 가뭇없이 묻힌 채
그 별들의 반짝임을 지키는 사람은 하나도 없었다."

- 조정래,《태백산맥》

가
뭇
없
다

가
무
리
다

'가무리다'는 '가뭇없이 먹어 버리다'라는 뜻을 가진 우리말
이다. '가뭇'은 '보이던 것이 전혀 보이지 않거나 알던 것을 아
주 잊어 찾을 길이 감감하게'라는 의미이니, '가뭇없다'라는
말은 보이던 것이 전혀 안 보여 찾을 길이 없음을 이른다.

'가무리다'는 음식을 먹어 감추는 것으로 다른 사람은 그
흔적조차 찾을 수 없다. 그러하기에 '가무리다'는 '남이 보지
못하게 숨기다'라는 뜻으로도 쓰인다. 형제자매가 많은 집에
서는 어릴 때 맛난 음식을 누군가 가무리는 일이 많았고, 심술
난 동생이 언니에게 온 연애편지를 가무리기도 했다.

∘ 가무리다 | 몰래 혼자 차지하거나 흔적도 없이 먹어 버리다.

∘ 가뭇없다 | 보이던 사물이 전혀 안 보여 찾을 길이 없다.

겨끔내기 | 갈마들이

'겨끔내기'는 보통 두 가지를 번갈아 사용하거나 교대로 하는 걸 이르는 말이다. 왼손 오른손으로 겨끔내기를 하고, 두 사람이 겨끔내기로 떠들며, 이틀에 한 번씩 겨끔내기로 쉬거나 일할 수 있다. 축구 경기에서 승부차기할 때 겨끔내기로 공을 차고, 맞벌이 부부는 겨끔내기로 집안일을 하기도 한다.

같은 일을 시간에 따라 여러 사람이 번갈아 가며 일할 때도 '겨끔내기'라는 말을 쓴다. 이때의 겨끔내기는 서로 번갈아 가면서 비슷한 일을 반복한다는 뜻이다. 같은 맥락에서 아이들이 술래잡기 놀이를 할 때도 겨끔내기로 돌아가며 한 차례씩 술래를 맡는다.

겨끔내기가 능동적 행위를 나타내는 말이라면, '갈마들이'는 여럿이 서로 번갈아 나타나는 피동적 상황을 표현한 말이다. 날마다 낮과 밤이 갈마들고, 어떤 일을 기다릴 때 걱정과 기대가 갈마든다. 때로는 기쁨과 슬픔이 갈마들기도 하고, 잠이 오지 않아 뒤척일 때 고민이 갈마들기도 한다. 요컨대 갈마들이란 둘 이상의 사건, 또는 어떤 사건이 다른 사건과 서로 번갈아 나타나는 걸 이르는 말이다.

◦ 겨끔내기 | 일을 서로 번갈아 하기.

◦ 갈마들이 | 여럿이 서로 번갈아 나타남.

"모두 다 서로 엇갈리고 겯고틀어서
당파와 당쟁이 암만 일어나도 아들과 딸들에게
화가 미치지 않도록 깊은 궁리 속에서
결혼을 시킨 것이다."

- 박종화, 《임진왜란》

살다 보면 승부 가를 일을 종종 겪는다. 이럴 때 서로 지지 않으려고 이리 걸고 저리 틀어 팽팽하게 버티며 겨루는 일을 '겯고틀다'라고 한다. 학창 시절에는 좋은 성적을 얻기 위해 경쟁자와 첫째 둘째를 놓고 겯고틀고, 직장에서는 입사 동기와 승진을 놓고 겯고틀게 된다.

∘ 겯고틀다 | 시비나 승부를 다툴 때에, 서로 지지 않으려고 버티어 겨루다.

"영감이 알았다가는 난 안 간다고 괘장을 부리면
일이 다 틀릴 것 같아서 종씨 종만이가 나서서
애를 많이 쓰기도 한 것이다."

- 염상섭,《택일하던 날》

괘장부리다

살아가면서 이런저런 약속을 하게 되는데, 약속을 잘 지키는
사람이 있는가 하면 그렇지 않은 사람이 있다. 약속을 지킬 듯
이 말해놓고 어느 순간 딴전을 부리는 사람도 있다. 이 중 '처
음에는 할 듯이 하다가 갑자기 딴전을 부리는 일'을 이르는 우
리말이 있으니 '괘장'이다. '괘장 부리다' 혹은 '괘장 부치다'의
형태로 쓴다. 셋이 날을 정해 놀러 가기로 했는데 한 명이 별
다른 이유 없이 괘장 부리면 계획이 틀어질 가능성이 높고, 자
신을 찍어주겠다는 다짐을 받아 출마했는데 지지자가 괘장
부리면 출마자는 난감해질 것이다.

◦괘장 | 처음에는 제법하다 딴전을 부림.

◦괘장 부리다 | 찬성했던 일을 갑작스럽게 반대하여 일을 안 되게 하다.

깨금발 | 앙감발

예문에 나오는 '깨금발'은 발뒤꿈치를 들어 올린 채 걷는 동작을 이르는 말이다. 본래는 키를 높이고자 발뒤꿈치를 들어 올린 발을 의미했다. 그러다가 그런 발로 걷는 걸음까지 포함하게 됐다. 뒤꿈치를 들고 발끝으로 서 있는 발 모양이나 걸음을 '까치발'이라고도 말한다. 높은 선반 위의 물건을 꺼내기 위해 깨금발을 하기도 하고, 너무 밤늦게 귀가하여 부모에게 혼날까 싶어 자기 방까지 살금살금 깨금발로 걸어가기도 한다.

양발의 뒤꿈치를 든 상태가 아니라, 한 발을 들고 다른 발로 뛰는 동작 또한 깨금발이라고 말한다. 움직이는 동작으로서의 깨금발은 '깨금발 싸움'에서 잘 드러난다. 한쪽 다리를 손으로 잡고 외다리로 뛰면서 상대를 치거나 밀어 넘어뜨리는 놀이인데, '닭싸움'이라고도 말한다.

한 발은 든 채 한 발로만 땅을 딛고 선 자세를 '깨끼발' 또는 '앙감발'이라고 하며, 한 발은 들고 한 발로만 뛰는 짓을 '앙감질'이라고도 한다. '깨금발'이라는 우리말은 까치발 자세를 의미하는 동시에 앙감질이라는 동작까지 가리킨다.

○ 깨금발 | 뒤꿈치를 들어 올린 발. 한 발은 들고 다른 발로 뛰는 동작.

○ 앙감발 | 한 발은 들고 한 발로만 땅을 딛고 선 자세.

구메구메 | 꾀꾀로

> "정첨지 아들은 발매터에 나오는 것이
> 아비의 눈가림이라 공연히 뱅뱅 돌다가
> 꾀꾀로 빠져들었다."
>
> — 홍명희,《임꺽정》

> "그가 행랑채에 앓아누웠을 때 행주치마폭에다
> 구메구메 보신할 만한 거나 구미 돋을 만한 걸
> 여투어다 먹인 적이 있는 그만이는 그의 배은망덕이
> 하도 기가 막혀 벌린 입을 못 다물었다."
>
> — 박완서,《미망》

'발매터'는 산에서 키운 나무를 베어 내는 자리를 이르는 말이고, '꾀꾀로'는 가끔씩 남이 보지 않는 틈을 타서 살그머니 하는 행위를 가리키는 말이다. 왕조 시대에 천한 신분으로 태어났지만, 상전 몰래 꾀꾀로 글공부를 한 사내종이 있었는가 하면, 자율학습 시간에 선생님 몰래 꾀꾀로 딴짓하는 학생도 있다.

'구메구메'는 '남모르게 틈틈이'라는 뜻이기는 해도 숨김의 의미는 '꾀꾀로'보다 약하다. 바쁜 가운데 구메구메 자격증을 따는 사람도 있고, 남 보기에 돈 없는 줄 알았는데 집을 사는 것을 보고서야 구메구메 모았음을 알게 되는 일도 있다.

◦ 꾀꾀로 | 가끔가끔 틈을 타서 살그머니.

◦ 구메구메 | 남모르게 틈틈이.

넉
장
거
리

"그는 벽이 무너져라 걷어차며
소리를 버럭버럭 지르더니
그만 넉장거리로 자빠져 버렸다."

- 심훈,《상록수》

"넉장거리로 나가떨어졌다가
비슬비슬 일어나더니
고모부는 또 호령이 추상같았다."

- 윤흥길,《무제》

자빠지는 동작을 표현한 '넉장거리'는 두 팔과 두 다리를 활
짝 벌리고 뒤로 벌렁 나자빠짐을 가리키는 말이다. 기분 좋
은 나머지 편한 마음으로 넉장거리하고, 너무 지쳐서 푹 쉬
고자 넉장거리하며, 에라 모르겠다는 심정으로 넉장거리하
기도 한다.

○ 넉장거리 | 두 팔과 두 다리를 벌리고 뒤로 나자빠짐.

대지르다

상대에게 의견을 내놓을 때 공손한 태도를 보이는 사람이 있고, 시큰둥하게 건성으로 말하는 사람도 있으며, 거만한 자세로 나오는 사람도 있다. 따지듯 거칠게 나오는 사람도 있는데, 찌를 듯이 대들거나 맞서서 달려드는 걸 '대지르다'라고 한다.

첫 번째 예문의 '대질러'는 '날카롭게 대들 듯이 물어'라는 뜻이고, 두 번째 예문의 '대질렀다'는 컴컴한 밤빛이 눈을 찔렀음을 비유적으로 나타낸 말이다. 누군가의 간섭이 싫으면 대지르며 가만히 있으라 말하고, 화가 나면 대지르고 상대 뺨을 후려치기도 한다.

○대지르다 | 찌를 듯이 맞서서 달려들다.

154

"탑돌이 할 때는
석탑을 오른쪽으로 도닐어야 한다."

- 종교 관습

'탑돌이'는 사월 초파일에 탑을 돌며 부처의 공덕을 찬미하고
각자의 소원을 비는 행사를 이르는 말이다. 나중에는 석가모
니 탄신일이 아닌 날에도 탑을 돌며 소원을 빌었는데, 이때 걷
는 방향은 해시계의 그림자를 따랐다. 오른쪽으로 돌아야 해
의 기운을 가득 받을 수 있다고 생각한 까닭이다.

  탑이든 연못이든 어떤 중심의 가장자리를 빙빙 돌며 거닌
다는 뜻의 우리말이 있다. '도닐다'가 그것인데, '돌다'와 '다니
다'가 합쳐진 말이다. 시원찮은 성적표 때문에 부모님의 꾸지
람을 걱정하는 아이는 집을 도닐고, 시간이 많은 사람은 산책
로를 여유롭게 도닌다.

  ◦ 도닐다 | 가장자리를 빙빙 돌며 거닐다.

155

도섭부리다

'도섭질'이 원어인 '도섭'은 수선스럽고 능청맞게 변덕을 부리는 짓을 이르는 말이다. '도섭부리다'나 '도섭스럽다'의 형태로 많이 쓴다. 일정한 생각 없이 되는대로 변덕을 부리는 짓이 곧 도섭이다. 예문의 '도섭'은 심리적 변덕을 나타내는 문장임을 알 수 있다.

도섭은 심리뿐만 아니라 사물의 둔갑에도 사용할 수 있으니, 이때의 '도섭'은 모양을 바꾸어서 원래 모습과 전혀 다르게 변함을 의미한다. 예컨대 마술사는 얏 소리와 함께 도섭을 부려 손수건을 장미꽃으로 변화시킨다.

○ 도섭부리다 | 능청맞고 수선스럽게 변덕을 부리다.

○ 도섭스럽다 | 능청스럽게 도섭을 부리는 티가 있다.

"참으로 제 한(恨)은 서방님의 상투를
올려드리지 못함이어요.
다른 착하고 정결한 아낙이 있어 서방님의 머리를
빗겨 드리고 동곳을 꽂아드리겠지요."

- 황석영,《장길산》

"계봉이는 그 이상 깊이 들어가서
완전히 설명할 자신이 없어 이내 동곳을 빼고 만다."

- 채만식,《탁류》

동곳을 빼다

첫 번째 예문의 '동곳'은 상투를 튼 후에 풀어지지 않게 꽂는 물건을 가리키는 말이다. 조선시대 선비는 상투를 튼 후 동곳을 꽂고 망건을 썼다. 동곳을 꽂는 것은 몸가짐을 제대로 갖추는 일이고, 동곳을 빼는 것은 몸가짐을 흐트러뜨리는 일이었다. 상대에게 항복의 뜻을 나타낼 때도 동곳을 빼어 머리를 풀었는데, 이로부터 '동곳(을) 빼다'라는 말은 '주장이나 뜻을 굽히고 복종하다', '잘못을 인정하고 굴복하다'라는 의미로 확장됐다. 따라서 두 번째 예문에서 동곳을 빼는 일은 잘못이나 패배를 인정하고 굴복하는 것임을 알 수 있다. 바둑이나 장기를 두다가 실력 차이가 크면 상대방에게 동곳 빼는 일이 생긴다.

◦ 동곳(을) 빼다 | 힘이 모자라서 복종하거나 잘못을 인정하다.

되술래잡다

"이러다간 본전도 못 건질 걸 알고 말끝을 얼른 돌리어, '자기는 뭔데 대낮에 사내놈을 방으로 불러들이구, 대관절 둘이 뭐했드람?' 하며 아내를 되술래잡았다."

- 김유정, 《솥》

누가 봐도 잘잘못이 분명한데, 잘못 저지른 사람이 오히려 큰소리치는 경우가 있다. 이처럼 잘못을 빌어야 할 사람이 도리어 남을 나무라는 걸 일러 '되술래잡다'라고 말한다. '잘못 저지른 범인이 순라군(巡邏軍)을 잡는다'라는 뜻에서 나온 말이다. 즉 도둑이 경찰을 잡는 일처럼 황당한 적반하장(賊反荷杖)을 우리말로 '되술래잡다'라고 한다.

소설가 김유정은 아내의 속곳을 몰래 팔아 술 사 먹은 남편이 아내에게 도리어 큰소리치는 모습을 '되술래잡다'라는 말로 표현했다.

◦ 되술래잡다 | 잘못을 빌어야 할 사람이 도리어 남을 나무라다.

"그렇게 쌀을 붙여주면
그놈을 시세에 보아 가면서 눈치 빠르게
요리조리 되작거린다."

- 채만식, 《탁류》

"장터댁 말 듣고 되작되작 생각혀본께
사내자식 배창시 비비틀리게 하는
영 느자구읎는 말이시잉?"

- 조정래, 《태백산맥》

되작거리다
되작되작

첫 번째 예문의 '되작거리다'는 쌀을 이리저리 들추어 뒤지는 모습을 표현한 말이고, 두 번째 예문의 '되작되작'은 '생각을 이리저리 굴리는 모양'을 이르는 말이다. '되작거리다'는 본래 물건들을 요리조리 들추며 자꾸 뒤지는 걸 나타낸 말이며, 부사형은 '되작되작'이다. 작가 조정래는 곰곰이 생각하는 모습을 '되작되작'으로 비유하여 멋지게 형상화했다.

되작거리는 모습은 무척 많다. 미용실에서 기다리는 동안 잡지를 되작거리고, 옷장에서 마음에 드는 옷을 찾으려고 되작거린다. 편식 심한 아이는 밥상에서 반찬을 되작거리다가 부모에게 한마디 듣기도 한다.

◦ 되작거리다 | 1. 물건을 찾느라고 이리저리 뒤지다. 2. 생각을 이리저리 굴리다.

◦ 되작되작 | 물건을 이리저리 들추어 뒤지는 모양.

둥개질

아이가 태어난 지 백일쯤 되면 부모는 둥개질로 아기와 눈을 맞추며 교감하기 시작한다. '둥개질'은 어린아이를 안거나 무릎 위에 올려놓고 흔들면서 어르는 일을 가리킨다. 아이는 까르르 웃으며 천사의 미소를 보여 주고, 부모는 그런 아기를 보면서 행복을 만끽한다. 이 무렵 아이는 무척 예뻐 보이므로 부모는 하루에도 몇 번씩 둥개질을 치며 놀아 주고, 아이가 자다가 깨서 울 때도 둥개질로 어르고 달랜다. 그러다 좀 더 크면 자연스레 둥개질을 그만둔다.

위 속담은 일곱 살에 둥개질을 해도 여전히 사랑스럽게 보일 만큼 자식 재롱은 늘 귀엽고 대견하다는 뜻이다.

◦ 둥개질 | 어린아이를 안거나 쳐들고 어르는 일.

"그중 숫기 좋고 장난 좋아하는 보상 두엇이
서로 눈을 끔적이더니 모기작모기작
병풍 곁으로 기어갔거든."

- 황석영,《장길산》

모기작모기작

'엉금엉금'이 손이나 발을 비교적 크게 움직이며 걷거나 기는
모양이라면, '모기작모기작'은 우물쭈물하면서 느리게 자꾸
움직이는 모양을 나타내는 말이다. '엉금엉금'은 계속되는 움
직임을 강조한 데 비해, '모기작모기작'은 굼뜬 움직임에 방
점을 찍은 말이다.

° 모기작모기작 | 우물쭈물하며 굼뜨게 자꾸 움직이는 모양.

물덤벙술덤벙

"그놈들은 제 주제들을 알아.
우리처럼 물덤벙술덤벙이 아니지."
- 김원우, 《짐승의 시간》

"그는 무슨 일이든지 착수를 하면
끝까지 뿌리를 캐야만 직성이 풀린다.
그리는 대신에 물덤벙술덤벙
대들고 싶지도 않았다."
- 이기영, 《고향》

일을 시작할 때 치밀히 준비하는 사람이 있는가 하면 그냥 되는 대로 대충 일하는 사람이 있다. 말도 신중하게 하는 사람이 있는가 하면 즉흥적으로 꺼내는 사람도 있다. 아무래도 후자가 잘못이나 실수할 확률이 높다.

'덤벙대다'라는 말이 침착하지 못하고 자꾸 함부로 덤비며 매우 바쁘게 움직임을 뜻하는 데서 짐작할 수 있듯, '물덤벙술덤벙'은 물을 먹을 때나 술을 마실 때 덤벙댄다는 말이다. 아무 일에나 대중없이 손대거나 함부로 날뛰는 모양을 나타낸다. 남 싸우는데 괜히 물색 모르고 물덤벙술덤벙 나서면 봉변당할 수 있고, 직장에서 처신을 물덤벙술덤벙하면 무능하다는 말을 들을 것이다.

◦ 물덤벙술덤벙 | 아무 일에나 대중없이 함부로 날뛰는 모양을 나타내는 말.

"영감은 박복영과 서태석을 괜히 남의 일을
버르집어 쓸데없이 구듭치고 나서는
뭇방치기로 몰고 있었다."

- 한무숙, 《돌》

뭇방치기

요즘 잘 쓰지 않는 우리말이 많이 쓰인 예문이므로 그 의미
를 모두 알아야 제대로 이해할 수 있다. '버르집다'는 숨은 일
이나 아니 해도 좋을 일을 들춰내거나 일으켜 벌여 놓음을 이
른다. '구듭치기'는 귀찮고 힘든 남의 뒤치다꺼리를 하는 일
을 말하며, '뭇방치기'는 주책없이 남의 일에 함부로 간섭함
을 뜻한다. 일반적으로 오지랖 넓은 사람이 뭇방치기를 자주
한다.

◦ 뭇방치기 | 주책없이 함부로 남의 일에 간섭하는 짓.

발서습하다

"많이 발서습하고 돌아다녔겠으니
존귀하다는 상도 보았겠고 천격 또한 없지 않았겠지만
나를 존귀하다니 원 듣기에는 귀에 달다네."

- 김주영, 《객주》

예문의 '발서습하다'는 '쉼 없이 두루 돌아다니다'라는 뜻의
우리말이다. 보부상이 여기저기 돌아다니는 직업임을 강조
한 문장이다. 예전에 보부상은 행상이었기에 끊임없이 이 마
을 저 마을 발서습했고, 강원도 사냥꾼은 맹수를 잡을 때까지
산 곳곳을 발서습했다. 오늘날에도 급한 상황에서는 누구든
발서습한다. 예컨대 놀이공원에서 어쩌다 아이를 잃은 부모
는 아이를 찾을 때까지 공원 곳곳을 발서습한다.

○ 발서습하다 | 쉬지 아니하고 두루 돌아다니다.

"이래저래 상오는 큰집에 오면
물 위에 뜬 기름처럼 겉으로만 베돌았다."
- 이기영, 《신개지》

"일본서 와서 집에를 당장 들어갈 수 없으니까,
베돌면서 집안 소식을 알려고
원랑이를 불러냈는데……."
- 염상섭, 《백구》

베돌다

'베돌던 닭도 때가 되면 홰 안에 찾아든다'라는 속담이 있다. 홰에 오르지 않고 멀리 떨어져 있던 닭도 때가 되어 자야겠다고 생각하면 스스로 알아서 홰 위에 올라가기 마련이라는 뜻으로, 서로 어울리지 않고 따로 놀던 사람도 때가 되면 언젠가는 다시 돌아올 때가 있음을 비유적으로 이르는 말이다.

'베돌다'라는 말은 '무엇을 가까이 가지 않고 피하여 딴 데로 돌다'라는 뜻이다. 새로 전학 온 학생에게 다가가지 않고 베돌기만 하는 아이도 있고, 먼저 손 내밀며 친구가 되어주는 아이도 있다.

∘ 베돌다 | 가까이 가지 아니하고 피하여 딴 데로 돌다.

붓방아

곡식을 찧거나 빻는 기구를 '방아'라고 하는데, 그 종류가 다양하다. 물이 떨어지는 힘을 이용한 물레방아, 사람이 발로 디디어 찧는 디딜방아, 황소나 나귀를 빙빙 돌려 찧는 연자방아가 대표적이다. 여기서 '방아'는 '기구의 반복'을 의미한다. 이에 연유하여 다른 사물이 반복되는 일에도 방아를 붙여 표현했으니, '입방아'와 '붓방아'가 그러하다.

관용어 '입방아를 찧다'를 줄인 '입방아'는 어떤 사실을 화제로 삼아 이러쿵저러쿵 쓸데없이 입을 놀리는 일을 뜻하고, '붓방아'는 붓을 들었다 놓았다 하면서 고민하는 모습을 표현한 말이다. 글을 쓸 때 생각이 잘 나지 않아 붓을 종이에 대었다 떼었다 하며 붓대만 자꾸 위아래로 움직이는 짓이 '붓방아'다. 소설가는 작품을 쓰다가 내용이 막히면 붓방아를 찧고, 시인은 시를 쓰다가 시상이 떠오르지 않으면 붓방아질한다.

예문은 문묘에서 임금이 몸소 제사를 지낼 때 축문 읽을 사람들이 문장을 다듬느라 이리저리 많이 애썼다는 내용임을 알 수 있다.

◦ 붓방아 | 글을 쓸 때 내용이 잘 생각나지 않아서 붓대만 자꾸 위아래로 움직이는 짓.

눈설거지 / 비설거지

"초저녁에는 별이 보이게 맑았는데
밤에 한차례 빗발이 뿌려서 단원들은 잠을 설치며
비설거지를 해야 했지만
다행히 비는 새벽에 그쳤다."
- 한수산, 《부초》

"여름 비설거지도 그렇지만
초겨울 눈설거지하는 것은 정말 신이 났다."
- 오탁번, 《우화의 땅》

여름철에는 갑자기 소나기 내리는 날이 많다. 구름 한 점 없는 맑은 날씨라는 일기예보를 믿고, 마당이나 옥상에 빨래나 채소를 널어놓았다가 낭패를 보기도 한다. 어쨌든 빗방울을 직감한 순간 재빨리 달려가서 빨래나 채소 걷는 일을 가리키는 말이 있으니 '비설거지'다. 비가 오거나 오려고 할 때, 비를 맞혀서는 안 될 물건을 거두어들이거나 덮는 일을 이르는 우리말이다.

음식을 먹은 뒤에 그릇을 씻어 정리하는 설거지에 비유하여 생긴 말이다. 단지 물건을 걷고 치우는 일만이 아니라 비가 들이치지 않도록 창문을 닫는 일도 비설거지라고 말할 수 있다. 같은 맥락에서 눈이 갑작스럽게 내릴 때, 눈에 젖으면 안 되는 물건들을 거둬들이는 일을 '눈설거지'라고 말한다. 장작

으로 난로를 피우는 시골에서는 마당에 쪼개놓은 장작을 눈
설거지해야 할 것이다.

◦비설거지 | 비가 오려고 하거나 올 때, 비에 맞으면 안 되는 물건을 치우거나
덮는 일.

◦눈설거지 | 눈이 오거나 오려고 할 때, 눈을 맞아서는 안 되는 물건들을 거두
어들이거나 덮는 일.

뽀르르
뽀로로

'뽀로로'라는 말이 펭귄 캐릭터 이름으로 유명해졌지만, 본래는 어린아이의 종종걸음을 묘사한 의태어다. 몸집 작은 사람이 종종걸음으로 바쁘게 달리거나 쫓아가는 모양, 또 아이뿐만 아니라 자그마한 짐승이 부리나케 달려가거나 쫓아가는 모양을 이르는 우리말이다. '뽀르르'라고도 말한다.

　　퇴근하여 집으로 돌아오는 아빠에게 뽀로로 달려가는 아이 모습이나 오랜만에 만난 주인에게 반가워서 뽀르르 달려드는 강아지 모습은 가장 흔한 풍경이다.

◦ 뽀로로 | 아이나 몸집 작은 사람이 기운껏 달리거나 쫓아가는 모양. 뽀르르.

"본디 태중 교우로되 마음이 어리석고
분수를 모르기에 수계를 잘못하고
노름도 약간하고 서털구털 지내므로
그 형님이 항상 걱정으로 살다가……"
- 한국교회사연구소, 《병인치명사적》

"나처럼 서털구털해 보이는 사람이
일반적으로 학점도 후할 것 같지만, 천만의 말씀!"
- 윤흥길, 《제식 훈련 변천 약사》

서털구털

첫 번째 예문은 병인박해 순교자와 관련된 자료를 모은 《병
인치명사적(丙寅致命史蹟)》에 기록된 내용이다. 여기서 '서털구
털'은 언행이 침착하지 못하고 어설픈 모양새를 뜻한다. 비밀
을 유지해야 하는 처지에서 걱정일 수밖에 없는 품성 및 언행
인 셈이다.

두 번째 예문의 '서털구털'은 단정하지 못하며 어설프고
서투른 모양을 나타낸다. 일반적으로 횡설수설하는 사람을
두고 "서털구털 지껄인다"라고 말한다. 초등학교 수업 시간
에 침착한 자세로 조리 있게 발표하는 학생이 있는가 하면, 산
만한 자세로 두서없이 서털구털 말하는 학생도 있다.

○ 서털구털 | 언행이 침착하지 못하며 어설프고 서투른 모양을 나타내는 말.

애
만
지
다

"삼촌이 할머니 회갑 선물로 드린 것으로
할머니가 늘 곁에 두고 삼촌이 그리울 적마다
탐탐히 애만지던 병풍이었다."

- 김찬기, 《애기소나무》

나이에 따라 저마다 애지중지 아끼는 물건이 있다. 어렸을 때
는 장난감이나 인형을 좋아하고, 청소년기에는 흠모하는 유
명인과 관련된 애장품을 아끼며, 성인이 된 후에는 어떤 사연
이 담겼거나 특별한 수집품을 아낀다. 그리고 그런 것을 가끔
꺼내 어루만지며 행복해한다. 이처럼 소중히 여기는 물건을
어루만지는 행위를 '애만지다'라고 한다.

◦ 애만지다 | 아끼고 소중하게 여겨 어루만지다.

애
면
글
면

"그는 집에 돌아와 자기가 애면글면
장만해 놓은 그릇을 부수었다."
- 김유정,《생의 반려》

"세상에, 이놈의 집구석엔 사람도 없다니까.
애면글면 모은 재산도 애면글면 기른 자식새끼도
다 소용없다니까."
- 박완서,《도시의 흉년》

두 예문을 통해 문맥만으로도 '애면글면'의 의미를 대략 파악할 수 있다. 그렇다. 무엇을 이루느라 온갖 힘을 다하는 모양을 '애면글면'이라고 한다. 적당히 노력한 것이 아니라 몹시 힘에 겨운 일을 이루려고 갖은 애를 쓰는 모양이 곧 '애면글면'이다. 동사 '애면글면하다'는 '힘에 겨운 일을 이루려고 노력하다'라는 뜻이다. 공부를 등한히 하는 사춘기 자식을 둔 부모는 대학 문턱이라도 밟을 수 있도록 애면글면 노력하고, 집안 형편이 어려운 청소년은 생활비를 벌고자 애면글면 학업과 부업을 병행한다.

◦ 애면글면 | 몹시 힘에 겨운 일을 이루려고 갖은 애를 쓰는 모양.

"전쟁이 날수록 시골로 가길 참 잘했다고
야비다리를 피우면서 살 수 있을지언정
후회할 까닭이 없었다."
- 박완서,《그 많던 싱아는 누가 다 먹었을까》

"그녀는 울고불고 애걸하고 있는 것 같으면서도
실상은 야비다리를 치고 있었다."
- 박완서,《도시의 흉년》

첫 번째 예문의 '야비다리'는 보잘것없는 사람이 제 딴에는 만족한 듯이 부리는 교만을 뜻하고, 두 번째 예문의 '야비다리'는 교만한 사람이 일부러 겸손한 체함을 이르는 말이다.

'야비다리'는 주로 '피우다' 또는 '치다'와 붙여 쓴다. 실제는 그렇지 않으면서 만족한 듯 교만을 떨 때는 '야비다리 피우다'라고 하고, 겉으로만 겸손한 체할 때는 '야비다리 치다'라고 말한다.

◦ 야비다리 치다 | 실제는 그렇지 않으면서 겉으로만 일부러 겸손한 체하다.

엉너리 얼렁뚱땅

"의도적으로 엉너리 치는
당신의 혐오스런 짓거리가 무슨 감동을 주겠소."

- 김용만, 《그리고 말씀하시길》

"번연히 괘가 그른 줄 다 알면서
얼렁뚱땅 거짓말이나 해 가면서 처자식
고생이나 시키지 않게 처신하는……"

- 최인훈, 《회색인》

'엉너리'는 남의 환심을 사려고 어벌쩡하게 넘기는 짓을 이르는 우리말이다.

동화에서 여우에게 잡아먹힐 위기에 빠진 토끼는 엉너리 쳐서 빠져나가고, 길거리 약장수는 구경꾼들의 비위를 맞추고자 듣기 좋은 말로 엉너리를 떨며, 모임에서 분위기가 어색할 때 누군가 우스갯소리를 하면서 엉너리를 부린다. 엉너리는 '엉너리 치다', '엉너리 떨다', '엉너리 부리다', '엉너리를 쏟다'의 형태로 쓴다.

이에 비해 '얼렁뚱땅'은 '엉너리'라는 낱말에 힘들이지 않고 손쉽게 해치우는 모양을 뜻하는 '뚝딱'이 합쳐져 생긴 말이다. 얼렁뚱땅은 행동 따위를 일부러 어물거려서 남을 슬쩍 속여 넘기는 모양을 나타낸다.

"엄살이나 피우면서 얼렁뚱땅 일할 생각은 버려"처럼 주로 부정적인 의미로 사용한다.

◦ 엉너리 | 남의 환심을 사려고 어벌쩡하게 넘기는 짓.

◦ 얼렁뚱땅 | 말이나 행동 따위를 일부러 어물거려 남을 슬쩍 속여넘기는 모양을 나타내는 말.

"저놈을 뒤탈 없도록 지혈을 단단히 시킨 다음
고방문을 채워 도타하지 못하도록 잡도리하여라."
- 김주영,《객주》

"이렇게 반찬 먹은 고양이 잡도리하듯 지청구를 하니,
실로 죽어가는 건 대복입니다."
- 채만식,《태평천하》

두 예문의 '잡도리'는 뜻이 조금 다르다. 첫 번째 예문의 잡도
리는 잘못되지 않도록 엄하게 단속하는 일을 뜻한다. 다친 자
를 치료해 준 다음 집 바깥에 따로 만들어 둔 집채에 가두고
그 문을 채워 도망치지 못하도록 단단히 지키라는 말이다.

두 번째 예문의 잡도리는 아주 요란스럽게 닦달하거나 족
치는 일을 가리킨다. 반찬 훔쳐 먹은 고양이에게 다시는 그러
지 말라고 혼내는 모습이 '잡도리'에 담겨 있다. "반찬 먹은 고
양이 잡도리하듯"이란 말이 종종 쓰여 왔고, 같은 의미로 '상
추밭에 똥 싼 개 잡도리하듯'이란 속담도 있다. 흔히 죄인을
심문할 때 잡도리하기에 이무영 작가는《농민》에서 그 광경
을 다음과 같이 묘사했다.

"매에 못 이기어 아무렇게나 대어 놓으면 또 잡도리가 시작되는 것이다."

잡도리는 나아가 '단단히 준비하거나 대책을 세우는 일'도 의미한다. 그 맥락에서 '설잡도리', '늦잡도리'라는 말도 나왔다. '설잡도리'는 야무지지 못한 어설픈 준비나 대책을 말하고, '늦잡도리'는 늑장을 부리거나 뒤늦게 세우는 대책을 이르는 말이다. 설잡도리는 하나 마나이기에 신소설 작가 이해조는 《홍도화》에 다음과 같이 썼다.

"설잡도리를 하다가는 놓칠 것이니 두 죽지가 맞닿도록 잔뜩 묶어라."

◦잡도리 | 1. 잘못되지 않도록 엄하게 단속하는 일.

2. 요란스럽게 닦달하거나 족치는 일.

"한 번에 열 동씩 두 번 견줄러 보낸다구
적바림해 주어 보내면 되지 않겠소."

- 홍명희,《임꺽정》

잊지 않기 위해 간략하게 요점만 글로 적는 일을 흔히 '메모
(memo)'라고 한다. 그렇지만 이에 대응하는 우리말 '적바림'
이 있으니 이왕이면 우리말을 쓰는 게 바람직하다. '적바림'
은 나중에 보려고 간단히 적은 글이나 그런 행위를 가리키는
말이다. '적발'이라고도 말하는데, 이는 '적바림한 것, 또는 그
서류'의 뜻으로 쓰이던 옛말이다. 여기서 '발'은 '사람이나 물
건의 이름을 죽 적어 놓은 글'을 나타내던 옛말 '발기'가 줄어
든 말이다.

　중국 당나라 현종 때 상인들 사이에서 비전(飛錢)이 통용됐
는데, 돈을 한곳에 맡겨 두고 지급할 일이 있으면 돈과 바꾸어
갈 수 있는 적바림을 만들어 주는 환어음이었다. 우리나라에
서는 주막에서 외상 술값을 적바림하는 일이 많았고, 낯선 곳

을 찾아갈 때 주소나 특징을 적바림하곤 했다.

'찌'라는 말도 알아둘 만하다. '찌'는 특별히 기억할 만한 것을 나타내기 위해 글을 써서 붙이는 좁은 종이쪽을 가리키는 우리말이다. 상품명에서 유래된 영어 단어 '포스트잇'에 대응한다.

◦ 적바림 | 나중에 참고하기 위하여 글로 간단하게 적어 둠.

◦ 찌 | 특별히 기억할 만한 것을 나타내고자 글을 써서 붙이는 좁은 종이쪽.

"이것봐, 양씨! 거 윷진아비처럼 부득부득
생떼를 쓰며 진대 붙지 좀 마쇼 잉.
나는 뭐 흙 파먹고 장사허는 거요?"

- 김소진, 《장석조네 사람들》

"한 반 년 동안 이집저집으로 돌아다니며
진대를 붙였는데 남들이 술 먹는 데를 가서
술을 뺏어먹는 것은 예사지만
밥 먹는 데 가서 밥까지 뺏어 먹었네."

- 홍명희, 《임꺽정》

첫 번째 예문의 '윷진아비'는 '윷놀이에서 진 아비'의 줄임말
로, 내기나 경쟁에서 계속 지면서도 다시 하자고 자꾸 달려드
는 사람을 비유적으로 이른다. '진대'는 남에게 달라붙어 떼
를 쓰며 괴롭히는 짓을 가리키는 말이다. 두 번째 예문의 '진
대' 역시 남에 기대어 억지를 쓰며 괴롭히는 짓을 의미한다.

진대는 주로 '붙다', '붙이다'와 함께 쓰여, 남에게 달라붙
어 떼를 쓰며 괴로움을 끼치는 짓을 가리킬 때 쓴다. 실직한
후 친구들에게 진대를 붙이며 술을 얻어 마시거나 형제자매
에게 진대 붙어 뜯은 돈을 노름으로 탕진하는 사람도 있다.

한편, 남에게 빌붙어서 득을 보는 걸 이르는 '빈대 붙다'라
는 속어는 기생충 빈대와 관련되어 생겼다. 밤에 활동하는 야
행성 해충 빈대는 사람이나 동물 몸에 붙어서 피를 빨아먹고

살아가기에 남에게 빌붙어 공짜로 무엇이든 해결하려는 사람의 행태를 '빈대 붙다'라고 말하게 됐다.

◦진대 | 남에 기대어 억지를 쓰며 괴롭히는 짓.

"아무려면 어떠리?
제까짓 놈들 뉘게 와서 흑책질을 할라구!"

- 염상섭,《삼대》

"그것은 마치 왕년에 한길주와 부동하여
흑작질을 하는 이군수를 들어내라고 추기던
이진경의 말과 같이 춘실이에게는 들리었다."

- 이기영,《두만강》

같은 목표를 두고 경쟁할 때, 상식적인 사람은 정당한 방법으로 일을 추진하지만, 교활한 사람은 간사한 수단을 써서 상대를 방해하여 이기려고 한다. 후자처럼 교활한 수단을 써서 남의 일을 방해하는 일을 '흑책질'이라고 한다. 예전에는 '흑작질'이라고도 했으나, 현재는 '흑책질'만 표준어로 인정하고 있다.

◦흑책질 | 교활한 수단으로 남의 일을 방해하는 짓.

7장

말, 입으로 하는 걸 나타낸 말.

개코쥐코

작가 김유정이 1935년에 발표한 소설《만무방》제목의 뜻은 '예의와 염치가 없는 뻔뻔한 사람'이다. 다시 말해 염치가 없이 막된 사람을 만무방이라고 한다. 그런 사람이 떠드는 모습은 개코쥐코인 경우가 많다. '개코쥐코'는 아무런 쓸모나 득이 될 것 없는 말로 이러쿵저러쿵하는 모양을 가리키는 말이다.

'개코'는 아주 보잘것없는 것을 비유적으로 이르는 말이다. 겉보기엔 개코같이 보이지만, 유용한 물건이 있는가 하면 술주정으로 횡설수설 떠드는 말은 개코같은 소리일 때가 많다. 쥐코는 운을 맞추기 위해 더한 말로 여겨진다.

∘ 개코쥐코 | 쓸데없는 말로 이러쿵저러쿵하는 모양.

"밥상머리에 앉아 쌀이 무슨 곡식이냐구 물어보슈.
포교가 발칵 화를 냈다.
곁말 쓰지 말구 그 관이나 내려놓아."

- 황석영, 《장길산》

곁
말

'곁말'은 사물을 바로 말하지 않고 다른 말로 빗대어 하는 말
이다. 예컨대 숟가락과 젓가락을 모두 사용하는 문화권에서
'두매한짝'이라고 말하면 그것은 '다섯 손가락'을 의미한다.
'매'는 젓가락의 한 쌍 한 쌍을 세는 단위이고, '짝'은 그중 하
나를 이르는 말이니 젓가락 두 매와 한 짝을 합치면 다섯이 된
다. 손으로도 음식을 집어 먹으므로 두매한짝은 다섯 손가락
을 표현한 말임을 알 수 있다.

그런 면에서 곁말은 일종의 은어(隱語)일 수도 있다. 다만
은어는 소외 집단이나 특수 집단 안에서 많이 쓰인다는 점에
서 보편적으로 쓸 수 있는 곁말과는 차이가 있다.

◦ 곁말 | 똑바로 말하지 아니하고 다른 말로 빗대어 하는 말.

고시랑거리다 | 구시렁거리다

걱정하는 잔소리를 자꾸 길게 늘어놓을 때 '고시랑거리다'라는 말을 쓴다. '고시랑'은 '잔소리'를 뜻하는 말이며, '고시랑고시랑'은 못마땅하여 군소리를 자꾸 좀스럽게 하는 모양을 나타낸 말이다.

큰말 '구시렁거리다'는 못마땅하여 듣기 싫어지도록 자꾸 군소리를 되풀이하는 걸 이르는 말이다. 상대의 뭔가가 마음에 들지 않을 때 낮은 목소리로 자꾸 혼잣말하면 구시렁거리는 것이다. 상대에게 잔소리나 군소리를 자꾸 되풀이하면 고시랑거리는 것이고, 혼잣말하듯 작은 소리로 말을 되풀이하면 구시렁거리는 것이다.

　사전에 따라 '궁시렁거리다'를 '구시렁거리다'의 잘못된 표기로 규정하기도 하니 되도록 '구시렁거리다'로 쓰는 게 바람직하다.

∘ 고시랑거리다 | 못마땅하거나 하여 군소리를 좀스럽게 자꾸 하다.

∘ 구시렁거리다 | 혼잣말처럼 작은 소리로 자꾸 말을 되풀이하다.

되숭대숭 귀둥대둥

'귀둥대둥'은 말이나 행동 따위를 되는대로 아무렇게나 하는 모양을 이르는 말이다. 뭔가를 말하려 하지만 조리 없이 이것저것 되는대로 지껄이면 횡설수설(橫說竪說)이고, 말은 물론 행동까지 가리지 않고 아무렇게나 하면 '귀둥대둥'이다.

백범 김구는 미친 사람처럼 보이고자 일부러 헛소리를 지껄이며 동작을 거칠게 귀둥대둥했다. 여러 소리가 알아듣기 힘들게 한꺼번에 들리면 그 역시 귀둥대둥한 소리이므로, 김유정은 잡새들의 지저귐을 귀둥대둥 속삭인다고 표현했다.

'되숭대숭'은 이러쿵저러쿵 종작없이 지껄이는 모양 혹은 말이나 행동을 버릇없이 함부로 하는 모양을 나타내는 말이다. 막돼먹은 사람이 되숭대숭 지껄이면, 그걸 본 사람은 무척 불쾌해진다.

∘ 귀둥대둥 | 말이나 행동을 가리지 않고 함부로 하는 모양.

∘ 되숭대숭 | 말과 짓을 버릇없이 함부로 하는 모양.

흥감 너스레

"아내는 추위를 과장하려고
너스레를 살짝 치면서 팔짱을 끼고
현관으로 끌여들였다."
- 오탁번, 《겨울의 꿈은 날 줄 모른다》

"설령 대단치 않은 것도
그 너스레가 너무 재미있어서
모두 그의 얘기를 듣고 싶어 하죠."
- 이영치, 《흐린 날 황야에서》

요즘에는 보기 힘들지만 '너스레'는 흙구덩이나 그릇의 아가리 또는 바닥에 물건이 빠지지 않도록 걸쳐 놓은 막대기다. 맹수를 잡고자 산에 함정을 만들 때 땅을 파낸 후 위에 막대기를 이리저리 걸쳐 놓고 흙으로 덮는데, 그렇게 걸쳐 놓은 막대기가 곧 너스레다. 옛날 겨울철에 무와 배추를 보관할 때도 너스레를 썼다. 땅을 파고 무와 배추를 땅속에 넣고 너스레를 촘촘하게 걸친 다음 그 위에 짚을 얹어 흙이 밑으로 떨어지지 않도록 했다.

이처럼 여러 막대기를 이리저리 늘어놓아 걸친 모습에 빗대어 떠벌려 늘어놓는 말을 너스레라고 말하게 됐다. 같은 맥락에서 '너스레를 떨다', '너스레를 치다', '너스레를 부리다'라고 말한다.

넌덕스러운 말로 실제보다 지나치게 떠벌리는 짓은 '흥감'이라고 말한다. '넌덕'은 크게 소리를 내어 시원하게 웃으며 재치 있게 말을 늘어놓는 일이란 뜻이고, '넌덕스럽다'는 능청맞게 너스레를 떠는 태도가 있음을 나타낸 말이므로, '흥감'은 너스레를 떨며 허풍 치면서 지껄이는 일임을 알 수 있다.

∘ 너스레 | 수다스럽게 떠벌려 늘어놓는 말이나 짓.

∘ 흥감 | 너스레를 떨며 실제보다 지나치게 과장하여 떠벌림.

들때놓고

"그는 누구에게 지목할 수 없는 가난살이를
들때놓고 푸념을 했다."
- 이기영, 《고향》

"어떤 사람들은 성질을 주체하지 못해
들때놓고 버럭버럭 욕설을 퍼부었다."

- 송기숙, 《녹두장군》

누군가에게 대놓고 말하고 싶지만 그렇게 하지 못할 때가 있고, 불쾌한 일로 화났는데 대상을 콕 집어 화내지 못할 때가 있다. 대신 상대가 누군지 모르게 말하거나 화를 내는데, 그렇게 말하는 걸 이르는 부사가 '들때놓고'다. '사물을 딱 집어 말하지 않고 어물쩍하게'라는 뜻이다. 주위를 둘러보면 꼭 해야 할 말임에도 들때놓고 말하는 사람들도 있다.

◦ 들때놓고 | 꼭 집어 바로 말하지 않고 어물쩍하게.

"그런 때는 늘 축들을 불러 놓고
순자는 새로운 장난을 생각해 내곤 하였다.
마구발방의 홍수도 한 고패 위인 순자 앞에서는
한풀 죽고도 겁스럽게 굴었다."

- 이효석,《고사리》

항상 말이나 행동을 조심스럽게 하는 사람이 있는가 하면, 분별없이 함부로 말하고 행동하는 사람이 있다. '천방지축(天方地軸)'이 종잡을 수 없이 덤벙대는 일을 의미하는 한자어라면, '마구발방'은 법에 상관없이 마구 하는 언행을 가리키는 우리말이다. 동사는 '마구발방하다'다. 동네 건달이 술집에서 마구발방하면 사람들은 피해 다니고, 결국 경찰이 잡으러 갈 것이다.

◦ 마구발방 | 분별없이 함부로 하는 말과 행동.

마기말로

"그만한 술기운이라면 무슨 일이라도,
마기말로 살인이라도
능히 저지를 것만 같은 기분이었다."

- 윤흥길, 《완장》

자신이 직접 겪은 일은 아니지만, 그 상황에 대입하여 생각해 볼 때가 있다. 그렇게 가정하는 걸 '마기말로'라고 한다. '실제 라고 가정하고 하는 말로'라는 뜻이며, '막상말로'라고도 말 한다. 누군가 어떤 일을 말하면서 당시 무척 기분 나빴다고 했을 때, 듣는 이가 위로해 주면서 나도 그랬을 거라는 의미 로 '마기말로'를 쓴다.

"마기말로 내가 그런 일을 당했어도 그랬을 거야."

° 마기말로 | 실제라고 가정하고 하는 말로.

"나무 꼬창이로 어떻게 무슨 짐생을 잡어.
생쥐나 잡을까. 백손 어머니가 말겿을 달고
깔깔 웃기까지 하였다."

- 홍명희, 《임꺽정》

"김옥분이 언니 말을 겿귀로 흘려들으며
호미를 쥐고 나선다."

- 김원일, 《불의 제전》

첫 번째 예문의 '말겿'은 남이 말하는 옆에서 괜히 덩달아 끼
어드는 말을 의미한다. 누군가 무슨 말을 하는 김에 덩달아 참
견하는 말이다. 관용구 '말겿을 달다'는 '남이 말하는 옆에서
덩달아 말하다'를 뜻하고, '말겿을 채다'는 '남이 말하는 가운
데서 어떤 말을 꼬투리로 삼아 말하다'를 가리킨다. 주로 오지
랖 넓은 사람들이 말겿을 자주 한다.

두 번째 예문의 '겿귀'는 별 관심을 두지 않고 건성으로 듣
는 귀를 이르는 말이다. 다른 데 홀렸을 때 누가 옆에서 말을
하면 겿귀로 흘려듣기 십상이고, 자기 고집이 센 사람이라면
주변 사람들의 조언을 겿귀로 들을 것이다.

◦ 말겿 | 남이 말하는 옆에서 덩달아 참견하는 말.

◦ 겿귀 | 주의하지 않고 건성으로 듣는 귀.

말전주

어떤 말을 들었을 때, 들은 대로 말을 전하는 사람이 있고, 자기 생각을 더해 말하는 사람도 있으며, 멋대로 내용을 바꿔 전달하는 사람도 있다. 있지도 않은 말을 꾸며서 전하는 사람도 있는데, 이른바 이간질(離間-)이다. '이간질'이 둘 사이를 멀어지게 하려는 말 조작이라면, '말전주'는 이쪽저쪽 다니면서 좋지 않게 전하여 이간질함을 가리키는 말이다. 이 사람에게는 저 사람 말을, 저 사람에게는 이 사람 말을 좋지 않게 전하여 여러 사람을 이간질하는 짓이 '말전주'인 것이다. 동네나 모임에 말전주 잘하는 사람이 있으면 오해로 끊임없이 싸움이 일어날 것이다.

◦ 말전주 | 이 사람 저 사람의 말을 좋지 않게 전하여 이간질하는 짓.

산소리

남에게 내세울 것은 없지만 기죽고 싶지 않을 때가 있고, 어려운 상황을 드러내고 싶지 않아서 큰소리치는 때도 있다. '산소리'는 어려운 가운데에서도 남에게 굽히거나 기죽지 않으려고 하는 큰소리를 이르는 말이다. 예전에 가난한 선비는 궁핍하게 살면서도 남 앞에서 늘 산소리하며 당당한 모습을 잃지 않으려 했다. 산소리는 자신을 부풀리는 허풍이 아니라, 남에게 굽죄이지 않으려고 하는 큰소리이며, 심지를 가진 사람이라는 의미를 아울러 지니고 있다.

∘ 산소리 | 어려운 가운데서도 속은 살아서 남에게 굽히지 않으려고 하는 말.

생청

'생청'은 시치미를 떼고 하는, 앞뒤가 맞지 않는 말을 의미한다. 모순되는 말을 시치미 떼고 할 경우 '생청붙이다'라고 하며, 능청스럽게 모순되는 말을 하면 '생청스럽다'라고 한다. 곤란한 입장을 벗어나려 생청으로 잡아떼려는 일이 있으니 두 번째 예문의 매월이 그렇고, 듣는 사람 처지에서 속에 열불 나는 때가 많으니 첫 번째 예문의 처녀가 그러하다.

◦ 생청 | 앞뒤가 맞지 않는데도 시치미를 떼고 억지를 쓰는 일. 억지로 쓰는 떼.

"옥인동 마님은 변괴나 난 듯이
여전히 의아한 낯빛으로 선웃음을 친다."

- 염상섭,《대를 물려서》

"이제는 선웃음까지 지어 가며
부지런히 월남에서 벌어졌던
해괴한 일화들을 되새김질했다."

- 안정효,《하얀 전쟁》

선웃음

사람은 다양한 표정으로 웃음을 짓는다. 호탕하게 웃거나 빙
그레 미소 짓거나 깔깔깔 즐거워한다. 이렇게 좋아서 짓는 웃
음이 있는가 하면 거짓으로 보이는 웃음도 있다. 꾸미어 웃는
'선웃음'이 그것이다. 19세기 문헌에 '선우슴'으로 표기된 '선
웃음'은 설익은 웃음, 즉 어색한 웃음을 가리킨다. 우스운 상
황이 아닌 데도 웃음을 지으니 어색하다는 뜻이다.

◦ 선웃음 | 우습지도 않은데 꾸며서 웃는 웃음.

신소리 │ 흰소리

'신소리'는 상대방의 말을 슬쩍 엉뚱한 말로 재치 있게 받아넘기는 말을 가리킨다. 농담으로 슬쩍 받아넘기거나 그럴듯하게 화제를 돌리려는 말이 '신소리'다. 첫 번째 예문의 주인공은 남주임의 행방을 알려주지 않으려 신소리했다가 핀잔을 듣고 있다.

이에 비해 '흰소리'는 실속 없이 거드럭거리며 허풍을 떠는, 믿음성 없는 소리를 이르는 말이다. 바른말을 하고 싶지만, 행여 미움을 받을까 싶어 직장 상사 앞에서는 말을 못 하고 뒷전에서 흰소리 치는 사람들이 적지 않다. 흰소리는 터무니없는 자랑, 허풍처럼 부정적인 상황에서 주로 쓴다.

◦ 신소리 │ 상대방의 말을 슬쩍 엉뚱한 말로 재치 있게 받아넘기는 말.

◦ 흰소리 │ 터무니없이 자랑으로 떠벌리거나 거드럭거리며 허풍을 떠는 말.

"밤에 그의 아낙이 말을 잘못 쏘삭여서 그래
더구나 환장지경이 된 것이라고,
서로 이야기를 하고 있다."

- 채만식, 《탁류》

쏘삭이다

가만히 있는 사람을 자꾸 꾀거나 부추기어 마음을 들뜨게 할
때, '쏘삭이다'라고 한다. '쏘삭대다', '쏘삭거리다'라고도 말한
다. 본래는 경박스럽게 함부로 들추거나 뒤지거나 쑤시는 일
을 이르는 말인데, 비유하여 사람에게도 쓰게 됐다.

모닥불 피울 때 나무를 자꾸 쏘삭이면 바람결에 불이 금
세 꺼지듯, 멀쩡한 사람을 부추겨 어떤 일을 하도록 잔뜩 바람
넣는 짓을 말한다. 조용히 사는 시골 사람에게 도시가 좋다고
쏘삭거려 집을 떠나게 만드는 사람도 있고, 주식에 투자해야
돈을 번다고 쏘삭거려 돈을 잃게 만드는 사람도 있다.

○ 쏘삭이다 | 은근히 꾀거나 부추기다.

양냥양냥
양냥거리다

'양냥이'는 입을 가리키는 속된 말인데, 여기에서 파생된 '양냥양냥'은 불만스러워 짜증을 내며 종알거리는 모양을 나타낸다. 명사 '양냥이짓'은 불만에 차서 입을 계속 놀리는 입짓을 가리키고, 동사 '양냥거리다'는 마음에 덜 차서 자꾸 조르거나 싫증을 내며 심술부리는 것을 이른다. 언짢은 일이 있어 짜증 내며 자꾸 종알거리는 모양은 '양냥양냥'이라 한다.

○ 양냥거리다 | 만족스럽지 못하여 짜증을 내며 종알거리다.

○ 양냥양냥 | 만족스럽지 못하여 짜증을 내며 종알거리는 모양.

"아버지 환갑을 초들여 낸 것은
사실인즉 혼인을 빨리하자는 핑계에 지나지 않았다."

- 유진오, 《화상보》

"확실히는 모르나 김문 회의 때도 김병학이
자기의 이름을 초들었다 한다. 앞날이 위태롭다."

- 박종화, 《전야》

초
들
다

동학농민운동 때 주동자들은 사발통문(沙鉢通文)을 작성했다. 사발통문은 누가 주모자인지 알지 못하도록, 서명에 참여한 사람들의 이름을 둥글게 뺑 돌려가며 적은 통문을 이르는 말이다.

사발통문만 봐서는 주동자를 알 수 없기에, 관군은 동학군을 붙잡았을 때 주동자가 누구인지 초들라고 말했다. '초들다'는 '어떤 사실을 입에 올려서 말하다'라는 뜻이다. 어떤 사람 혹은 특정한 일을 입에 올리는 걸 '초들다'라고 한다. 입이 싼 사람은 남의 흉을 초드는 경우가 많다. "지난 일을 다시 초들지 마라"라고 하면 그 얘기를 꺼내지 말라는 뜻이다.

○ 초들다 | 어떤 사물, 사실을 입에 올려 말하다.

콩팔칠팔

"아는 것이 많기도 한 인동 할멈도
이 자리에만은 문경이 충청도도 되었다가
전라도도 되었다 콩팔칠팔이었다."

- 이무영, 《농민》

'콩팔칠팔'은 갈피를 잡을 수 없어 함부로 지껄이는 모양을 이르는 우리말이다. 하찮은 일을 가지고 시비조로 캐어 따지거나 두서없이 마구 지껄일 때 '콩팔칠팔'을 쓴다. 문장의 전체 맥락보다 낱말 하나 가지고 콩팔칠팔 따지는 사람이 있고, 상대에게는 말을 가려 하라고 하고서 정작 자신은 콩팔칠팔 아무렇게나 뇌까리는 사람이 있으며, 잘못을 지적할 때 핵심은 말하지 않은 채 콩팔칠팔 잔소리를 늘어놓는 사람도 있다.

◦ 콩팔칠팔 | 종잡을 수 없는 말로 이러쿵저러쿵 지껄이는 모양.

8장

상태를 나타낸 말.

가멸다

"이 나라로 하여금 굳센 나라가 되게 하고,
이 백성으로 하여금 가면 백성이 되게 하고……"

- 김동인, 《운현궁의 봄》

예문의 '가면 백성이'란 어떤 의미일까? 결론부터 말하면 '재산이 넉넉하고 많은 백성이'라는 뜻이다. '가멸'은 '부(富)'를 예스럽게 이르는 명사, '가멸다'는 재산이나 자원 따위가 넉넉하고 많음을 나타낸 형용사다. 관형사형으로 쓸 때는 '가면'이 된다.

집안이 원래 가멸었는데 자식이 방탕하고 무능해 재산을 모두 탕진한 사람이 있고, 무일푼이었지만 각고의 노력으로 성공해 가멸은 자수성가형 사람도 있다. 그런가 하면 독서를 좋아하는 사람은 책장을 볼 때마다 마음의 가멸을 느낀다. 장차 독자 여러분 모두 가멸이 되기를 바란다.

◦ 가멸다 | 가진 재산이나 살림이 넉넉하고 많다.

갈
무
리

'갈무리'는 물건 따위를 가지런히 정리하거나 모아서 보관하는 걸 이르는 말이다. 사용한 공구들을 제자리에 갖다 놓는 일, 땅에 심을 씨앗들을 찾아 꺼내기 쉽게 정돈하는 일, 통조림을 종류별로 모아 보관하는 일 등이 모두 갈무리다.

그런가 하면 밭에서 캐어 여기저기 널브러져 있는 고구마나 감자를 바구니에 담아 정리하는 일도, 책상 위에 어질러 놓은 필기구를 필통에 꽂아 정돈하는 일도 갈무리다. 요컨대 갈무리는 물건을 잘 간수하는 뜻뿐만 아니라 일을 잘 마무리한다는 뜻도 지닌다. 아무렇게나 보관하는 게 아니고 흐트러져 있는 것을 갈래별로 정리한 뒤 잘 마무리하여 저장하는 일을 가리킨다.

◦ 갈무리 | 일을 마무리하여 처리하거나 물건을 잘 정돈하여 보관함.

곡두

큰 건물이 없고 초목이 많던 옛날에는 밤늦게 길을 걷다가 귀신이
나 도깨비를 봤다는 사람이 더러 있었다. 그때 누군가 확인해 보
자고 해서 그곳으로 가 보면 없지만, 목격한 사람은 자기주장을
굽히지 않는다. 실제로 있었으나 그사이 다른 데로 갔을 수도 있
고, 원래부터 없었는데 목격자가 착각했을 수도 있다. 어찌 됐든
이런 경우 제삼자는 헛것을 본 모양이라고 말하곤 한다. 예문에
서 주인공은 원래 없는데 본 것으로 착각했다고 인정하고 있다.
이처럼 실제로는 눈앞에 없는 사람이나 물건이 마치 있는 것처럼
보이다가 사라져 버리는 현상을 '곡두'라고 한다. 구미호가 변신
하는 장면에서 곡두를 봤다고 고개를 흔드는 사람도 있고, 배가
너무 고프면 음식이 눈앞에 있는 듯한 곡두 현상을 겪기도 한다.

◦ 곡두 | 눈앞에 없는 것이 있는 것처럼 보이는 것.

꽃
잠

선
잠

잠은 생존에 반드시 필요하다. 잠자는 동안 그날 먹은 음식을 소화하여 영양분을 뽑아내거나 지친 몸을 회복시켜주니 말이다. 갓난아기들이 온종일 자는 이유도 먹은 걸 소화하면서 빠르게 성장하려는 데 있다.

그런데 잠자는 상태는 일정하지 않다. 어떤 날은 푹 잠드는가 하면 뒤척이며 잠을 설치는 때도 있다. 세상모른 채 깊이 드는 잠을 나타낸 낱말은 은근히 많다. 아주 깊이 든 잠은 '귀잠', 깊이 든 잠은 '꽃잠', 달게 곤히 자는 잠은 '단잠' 혹은 '꿀잠'이라고 말한다.

꽃잠은 결혼한 신랑과 신부가 처음으로 함께 자는 잠을 뜻하기도 한다. 갓 결혼한 청춘의 밤을 예쁘게 표현한 우리말이다. 혼인식 치르느라 온종일 긴장했다가 잠이 들 테니 깊은 잠에 빠질 것은 자명한 일이다.

잠을 깊이 자지 못하는 때도 많다. 잠시 깨었다가 다시 드는 잠은 '그루잠', 깊이 잠이 들지 못하거나 마뜩하게 이루지 못한 잠은 '선잠', 잠든 지 얼마 안 되어 깊이 들지 못한 잠은 '풋잠', 얕게 살짝 든 잠은 '수잠', 잠을 잔 뒤에 더 자고 싶은 잠은 '덧잠'이다. 아침에 일어나기 싫어 조금 더 자는 잠이 바로 덧잠이다.

◦ 꽃잠 | 깊이 든 잠. 결혼한 신랑 신부가 처음으로 함께 자는 잠.

◦ 선잠 | 깊이 들지 못하거나 흡족하게 이루지 못해서 부족한 잠.

"장만석은 또 노루목을 떠날 때까지만 해도
날탕 맨몸이었는데 영산포에 자리를 잡고
살쭈 노릇을 한 뒤부터는……."

- 문순태,《타오르는 강》

"이 사람, 날탕의 소리 작작 하고
어서 술이나 자시고 일어나게."

- 박종화,《임진왜란》

날탕

첫 번째 예문은 장만석이란 인물이 맨몸에서 소 매매를 흥정 붙이는 살쭈가 되어 형편이 어느 정도 나아졌음을 설명하는 문장이다. 맨몸 앞에 '날탕'이란 낱말을 넣어 가진 게 전혀 없는 사람임을 강조하고 있다. '날탕'은 아무것도 가진 것이 없는 사람을 이르는 우리말이다.

날탕은 사람뿐만 아니라 엉터리 기술이나 허풍에도 쓴다. 기술이 전혀 없는 사람이나 듣기 좋은 말로 남을 속이는 것을 가리킨다. 기술자인 줄 알았는데 날탕이라거나, 쥐뿔도 없으면서 날탕을 치는 술버릇이 있다는 등 아무것도 없으면서 부풀러 말하는 것을 강조할 때 쓴다.

◦ 날탕 | 아무것도 가진 것이 없음. 또는 그런 사람.

낭창거리다

"종질부 필이엄마가 낭창한 걸음으로
대문을 들어선다."
- 김원일,《불의 제전》

"질기고 낭창낭창한 싸리 회초리는
여지없이 그들의 몸을 파고들어
눈에서 불똥이 튕기는 아픔을 심었다."
- 조정래,《태백산맥》

'낭창거리다'는 가는 막대기나 줄이 조금 탄력 있게 자꾸 흔들리는 것을 나타낸 말이다. 가느다란 나뭇가지가 바람에 나불거리듯 자꾸 휘어 흔들리거나 물고기가 미끼를 물어 낚싯대 줄이 튀기듯 흔들릴 때 '낭창거리다'라는 말을 쓴다. 수양버들이 바람이 이리저리 흔들리는 모양도 낭창거린다고 말한다. '낭창낭창하다'는 흔들림을 좀 더 강조한 말이다.

◦ 낭창거리다 | 가늘고 긴 막대기나 줄 따위가 탄력 있게 자꾸 흔들리다.

너
나
들
이

"익삼 씨는 벼르고 별렀던 으름장을 놓았다.
지서장하고 너나들이로 지내는 처지임을
은근히 과시하는 소리였다."

- 윤흥길, 《완장》

"이춘동이는 꺽정이에게 붙들려 묵는 중에
여러 두령과 서로 너나들이까지 하게 되고
또 청석골 안을 돌아다니며 구경도 하게 되었다."

- 홍명희, 《임꺽정》

우리는 살아가면서 많은 사람을 만나는데 그중에 허물없이 편하게 지내는 사람을 강조할 때 '너나들이'라는 말을 쓴다. 너니 나니 부르며 허물없이 지내는 친구 사이라는 뜻이다. 어려서부터 한동네에 함께 오래 산 친구는 자연스레 너나들이하고, 학교에서는 마음이 통하는 벗과 너나들이하고 지낸다. 너나들이는 친밀한 사이를 가리키고, 허물없이 말을 건네는 것도 아울러 의미한다. 예전에는 이웃 간에 서로의 집을 드나들며 너나들이했지만, 아파트가 보편화된 오늘날에는 너나들이하는 모습을 보기 힘들다.

◦ 너나들이 | 서로 너니 나니 하고 부르며 허물없이 말을 건넴. 또는 그런 사이.

노박이로

"아사녀도 팽개와 싹불이가 인제 노박이로
와 있다는 말에 마음이 얼마나 든든한지 몰랐다."

- 현진건, 《무영탑》

"비를 노박이로 맞아서 옷을 죄다 후질른 그들은
서로 보기가 창피할 지경이 되었다."

- 이기영, 《두만강》

두 예문의 '노박이로' 뜻은 조금 다르다. 첫 번째 예문의 '노박이로'는 '줄곧 오래 붙박이로'라는 의미이고, 두 번째 예문에서는 '줄곧 계속적으로'라는 의미로 쓰였다. 그 차이를 알려면 어근 '노박이'를 파악해야 한다. '노박이'는 한곳에 붙박이로 있는 사람을 가리키는 말이며, 그런 사람의 상태를 나타낸 부사가 '노박이로'다. 줄곧 한곳에만 붙어 있는 사람처럼, 줄곧 한 가지에만 붙박이로 있거나 줄곧 오래 계속되는 상태도 '노박이로'라고 말하게 됐다.

◦ 노박이로 | 줄곧 한 가지에만 붙박이로. 줄곧 계속하여서.

"배돌석이가 몸부림하는 여편네를 안고
둥개는 중에 황천왕동이가 들어와서……."
- 홍명희,《임꺽정》

"왜놈들의 기습을 당한 것이 그의 밀고 탓이라는
말을 듣자 어찌할 바 모르고 둥개는 모습이 역력하였다."
- 문순태,《타오르는 강》

둥개다

'둥개다'란 일이 힘에 벅차 능히 해내지 못하고 어쩔 줄 몰라 쩔쩔맬 때 쓰는 말이다. 술에 잔뜩 취한 사람을 어깨동무해서 같이 걸어갈 때 힘에 부치니 둥개고, 몸부림치는 사람을 진정시키기 쉽지 않으므로 둥개게 된다. 단지 육체적으로 힘이 달려 쩔쩔매는 것뿐만 아니라 정신적으로 어찌할 줄 모를 때도 '둥개다'라는 말을 쓴다. 두 번째 예문이 그런 사례다.

◦ 둥개다 | 일을 감당하지 못하고 쩔쩔매다.

드리없다

"모두 식량을 내놨다. 두 되쯤 가져온 사람도 있고
한 되쯤 가져온 사람도 있고 드리없었으나,
모두 가져온 대로 섬에 쏟았다."

- 송기숙, 《녹두장군》

어떤 것을 여러 사람에게 걷을 때 정해진 액수나 양이 아니라
각자의 뜻에 맡기면 저마다 형편 되는대로 낼 것이다. 이처럼
경우에 따라 이렇게도 되고 저렇게도 되어 일정하지 않은 상
태에 있을 때 '드리없다'라고 말한다.

날마다 어물전에 가도 생선 크기는 드리없고, 주식 시세
를 매일 살펴봐도 아침저녁으로 드리없게 변한다. 또한 연말
에 불우이웃돕기 성금을 내는 사람들의 후원금 액수는 드리
없지만 하나같이 따스한 정성을 지니고 있다.

◦ 드리없다 | 경우에 따라 변하여 일정하지 않다.

"하늘을 향해 오장육부를 매지매지 끄집어
내보이며 억울함을 호소하고 싶었다."

- 문순태, 《타오르는 강》

'매지매지'는 조금 작은 물건을 여러 몫으로 나누는 모양을 뜻하는 우리말이다. 예문은 여럿으로 나눠진 내장을 하나하나 꺼내서 그 어디에도 문제없음을 강조하고 싶다는 뜻이다. '갈기갈기'가 여러 가닥으로 찢어진 모양을 나타내는 말이라면, '매지매지'는 여럿으로 따로따로 나누는 모양을 이르는 말이다. 여럿이 모여 생일잔치할 때 케이크를 매지매지 하나씩 먹고, 비상금을 감추고 싶을 때 매지매지 곳곳에 숨긴다.

◦ 매지매지 | 조금 작은 물건을 여럿으로 나누는 모양.

모지라지다

대부분 물건은 쓰면서 닳고, 자연에 있는 물체도 비바람에 서서히 닳는다. 농부가 밭을 갈면 호미가 닳고, 청바지를 오래 입으면 바지 끝이 닳으며, 밥을 많이 푼 주걱도 조금씩 닳는다. 요리사라면 애용하는 칼을 수시로 가니 그런 칼은 더 빨리 닳는다. 이처럼 물건의 끝이 닳아서 없어지는 것을 '모지라지다'라고 말한다.

∘ 모지라지다 | 물건의 끝이 닳아서 없어지다.

"물초 된 옷도 채 벗지 아니하고
땀 씻을 수건도 미처 꺼내지 아니하여서……."

- 최남선, 《금강 예찬》

'물초'는 전부 물에 젖은 상태를 나타내는 말이다. 거리를 걸어가는데 갑자기 비가 내리면 온몸이 물초가 되고, 운동선수가 한바탕 경기를 치르면 옷이 물초가 되고, 바다에서 느닷없이 파도가 치면 배 위에 있는 사람들은 물초가 된다. 그런가하면 계속 긴장하고 있으면 진땀이 흘러 물초가 된다.

○ 물초 | 온통 물에 젖은 상태.

민틋하다

경제적으로 여유롭지 못한 시절에 아이들은 대개 바가지 머리를 했다. 바가지를 엎어 놓은 모양으로 깎은 머리는 멋보다는 실용성을 강조한 삶에서 나온 유행이었고, 점차 경제 상황이 나아지고 개성을 중요시하면서 요즘은 보기 힘들어졌다. 예문은 그걸 표현한 문장이다.

그때는 이발비를 아끼느라 집에서 엄마가 아이 머리에 바가지를 씌운 채 머리카락을 자르는 일도 많았다. 뒷머리가 민틋하지 않고 울퉁불퉁하게 깎이면 울음을 터뜨리는 아이도 있었다. '민틋하다'란 울퉁불퉁한 곳이 없이 평평하고 미끈한 상태를 나타내는 말이다.

◦ 민틋하다 | 울퉁불퉁한 곳 없이 평평하고 비스듬하다.

"아무아무 날이라고 친절허니
달력까장 짚어 주시드라고 벅벅이 우겨대니깨
믿거라, 허고 따러야지."

- 윤흥길,《빛 가운데로 걸어가면》

"서방을 만날 기대가, 북으로 가려던 희망이
말짱 물거품이 되었음을 그네는 벅벅이 느낀다."

- 김원일,《불의 제전》

벅
벅
이

어떤 일에 대한 결과를 기다릴 때, 불확실하면 마음이 불안하고, 반드시 되리라고 생각하면 걱정이 덜하다. 두 예문에 나오는 '벅벅이'는 '분명하고 틀림없이'를 뜻하는 우리말이다. 짐작건대 틀림없이 그러하리라고 단정할 때 쓴다. 약속한 친구가 무슨 일이 있어도 내일 오리라 생각할 때 "그는 벅벅이 올 것"이라고 말하고, 지금 상황을 바탕으로 미래가 훤히 보일 때 "담배를 날마다 피우면 건강은 벅벅이 나빠질 것"이라고 말할 수 있다. 17세기 의학서《마경초집언해》에 다음과 같은 내용이 있다.

"배 가늘고 허리 구부러지고 숨이 가늘어지면 사계절 벅벅이 명이 짧다."

○ 벅벅이 | 틀림없이 그러하리라고 미루어서 헤아리는 뜻으로 나타내는 말.

설
면
하
다

처음 만났을 때는 서먹하더라도 자주 만나면 정이 들고 친숙해지기 마련이다. 그렇지만 서로 기질이 맞지 않거나 상대방 행동을 탐탁지 않게 여기는 등 이러저러한 이유로 여전히 거리감을 느끼는 경우가 있는데, 그런 심리 상태를 '설면하다'라고 한다. 본래는 '자주 만나지 못하여 얼굴이 좀 설다'라는 뜻이었지만 의미가 확대되어 '사이가 정답지 않다'를 뜻하게 됐다. 예문에서 주인공은 서로 아는 얼굴임에도 설면하게 대함을 서운하게 생각하고 있다. 한때 친했거나 잘 아는 사이였어도 세월이 흐른 뒤에 만나면 설면할 수 있으며, 사랑했던 사이라도 헤어져 마음이 멀어지면 설면해진다.

◦ 설면하다 | 자주 못 만나서 좀 서먹서먹하거나 어색하다.

"이야기를 들었으면 그 값으로
술국이나 한 뚝배기 안다미로 퍼 오너라."
- 송기숙, 《녹두장군》

"그는 막걸리를 단숨에 두 사발을 들이킨 뒤에도
우멍식기에 안다미로 담은
밥 한 그릇을 다 먹어치운다."
- 이기영, 《땅》

안
다
미
로

'밥심'이란 말이 있을 정도로 밥을 중요하게 여겼던 우리 문화에서 그릇에 담긴 밥은 대개 수북한 모양이었다. '수북하다'는 많이 담겨 높이 두드러진 상태를 가리키는데, 그보다 더 많이 그릇이 넘치도록 담긴 상태를 이르는 말이 있으니 '안다미로'다. '안다미로'는 '담은 것이 그릇에 넘치도록 많이'라는 뜻이다. 요즘에는 몸매 관리 때문에 일부러 적게 먹는 사람도 있지만, 식량이 귀했던 옛날에는 밥이든 국이든 그릇에 넘치도록 안다미로 담아서 먹었다. 또한 애주가는 주막에서 막걸리를 술잔에 안다미로 부어 마셨다.

◦ 안다미로 | 담은 것이 그릇에 넘치도록 수북하게.

온
새
미
로

"젊은이는 대석작을 벌려 앞으로 밀어놓고,
바위 뒤에서 옹기 술병을 꺼내왔다.
대석작에는 잘 삶은 통닭 한 마리가
온새미로 얌전했다."

- 송기숙,《녹두장군》

'석작'은 가는 대오리를 걸어 만든 네모꼴 상자를 이르는 말이고, '온새미'는 가르거나 쪼개지 아니한 생긴 그대로의 상태를 이르는 말이니, 위 예문의 경우 큰 네모꼴 상자 안에 통닭 한 마리가 통째로 있음을 알 수 있다. '온새미'는 주로 '온새미로' 꼴로 쓰여 나누지 않은 생김새 그대로를 나타낸다. 비단 물체뿐만 아니라 비유하여 '언제나 변함없이'를 의미하기도 한다. 절벽 위 소나무는 수백 년이 지나도 온새미로 고고하고, 서로 챙겨주는 친구 사이의 우정은 세월이 흘러도 온새미로 유지된다. 생선구이나 통닭은 온새미로일 때 먹음직스럽다.

◦ 온새미로 | 1. 가르거나 쪼개지 않고 전체의 생긴 그대로. 2. 언제나 변함없이.

오
롯
하
다

'오롯하다'의 어원은 '오로지하다'의 옛말 '오로ᄒ다'인데, 이후 단어가 '오롯하다'로 변화하면서 '모자람 없이 온전하거나 완전하다'란 의미에 이르게 됐다. 남고 모자람 없이 온전히 갖춰진 상태가 곧 '오롯하다'이며 한자어 '완벽(完璧)'에 대응한다. '완벽하다'라는 말 대신에 '오롯하다'라고 써도 의미는 같다. 시골 어머니가 서울에 유학 중인 자식에게 바리바리 싸 보낸 반찬에는 사랑이 오롯이 담겨 있고, 대다수 국민의 뜻을 오롯이 반영하지 못하는 국회의원이나 통치자는 지도자 자격이 없다.

◦ 오롯하다 ǀ 모자람이 없이 온전하다.

켯속

"오늘은 시아버지 윤직원 영감과 며느리 고씨와의
싸움이 방금 벌어질 켯속입니다."

- 채만식,《태평천하》

"누구나 그러려니 너무도 당연히 믿고 있는데
실제의 켯속은 그렇지 않은 데 문제가 있는 거야."

- 박완서,《오만과 몽상》

'켯속'은 복잡하게 얽힌 일의 사정이나 실상을 의미하는 우리
말이다. 종이나 옷감처럼 겹겹이 포개진 물건의 낱낱 층을 '켜'
라고 하는데, 그렇게 포개어 놓은 '켜의 속'을 '켯속'이라고 한
다. 켯속은 매우 좁은 틈이자 깊숙한 곳을 가리키는데, '일이
되어 가는 속사정'을 이르는 말로 쓰였다. 학교에서 울며 돌
아온 아이에게 켯속도 모른 채 울지 말라고 말할 수 없고, 진
술을 거부하는 범죄자의 수작은 무슨 켯속인지 좀처럼 알기
힘들다.

∘ 켯속 | 복잡하게 얽힌 사물의 속사정이나 내용.

"어머니가 내 손을 어찌나 꽉 잡았는지
추운 눈보라 속에서도 손바닥은
땀이 함초롬히 났다."

- 오탁번, 《하느님의 시야》

"온화하고 함초롬한 곡조 소리는 살랑거려
불어오는 가을바람도 봄바람인 양
다사롭고 부드럽게 만들었다."

- 박종화, 《다정불심》

'함초롬'은 담뿍 젖어 있거나 어떤 기운이 서려 있는 모양이
차분하고 고운 상태를 나타내는 말이다. 아침이면 풀잎에 이
슬이 함초롬하게 젖어 있고, 꾸지람을 들어 슬퍼진 아이의 눈
은 함초롬하기 마련이고, 우산 없이 이슬비 맞으며 걷는 여인
은 함초롬하다. 요컨대 '함초롬'에는 가지런하고 차분한 기운
이 담겨 있다.

그러므로 첫 번째 예문의 '함초롬히'는 땀이 많이 젖은 상
태를 말하고, 두 번째 예문의 '함초롬한'은 '차분하고 듣기 좋
은'이란 뜻임을 알 수 있다.

◦ 함초롬하다 | 담뿍 젖어 있거나 어떤 기운이 서려 있는 모양이 차분하고 곱다.

흔전만전

'흔전만전'은 본래 쉽게 볼 수 있는 흔한 것들을 이르는 말이었으나, 헤프게 마구 쓰고도 남을 정도로 매우 넉넉한 모양을 뜻하게 됐다. 또한 재물을 조금도 아끼지 아니하고 함부로 쓰는 모양을 가리키게 됐다. 봄이 되면 산과 들에 갖가지 꽃들이 흔전만전 피어나고, 가을이 되면 애써 키운 곡식과 자연에서 자란 온갖 열매가 흔전만전 넘친다. 구한말에는 돈으로 관직을 사고파는 공명첩이 흔전만전이었고, 요즘에는 주식으로 떼돈을 벌려는 사람들이 흔전만전이다. 그런가 하면 가난한 사람은 물조차 흔전만전 쓰지 못하지만, 경제적으로 여유 있는 사람은 무엇이든 흔전만전 쓴다.

○ 흔전만전 | 매우 넉넉하고 흔한 모양.

"논이 질어 도포가 그대로 흙감태기였다."

- 송기숙,《녹두장군》

"땅을 헤집고 들어앉아 흙감태기가 되어
땅까불을 하던 닭들이
날개를 푸드덕거리며 길을 비켰다."

- 윤흥길,《묵시의 바다》

건설 공사장에서 일하면 먼지를 뒤집어쓰고, 뻘밭에서 뒹굴면 온몸이 진흙투성이가 되며, 황사가 심할 때 빨래를 밖에 널어놓으면 누런 흙먼지투성이가 된다. 이처럼 흙이나 흙가루를 온통 뒤집어쓴 사람이나 물건을 가리켜 '흙감태기'라고 말한다. '흙'에 곤죽처럼 된 진흙을 이르는 '감태기'가 더해진 말이다.

○ 흙감태기 | 온통 흙을 뒤집어쓴 사람이나 물건.

흥뚱항뚱

> "아무 일도 않고 흥뚱항뚱 다니며
> 놀이만 하는 사람들에게
> 거울이 될 만한 사람이라고 생각하였다."
>
> - 한용운, 《흑풍》

'흥뚱항뚱'은 '흥뚱거리다'에서 나온 말이다. 어떤 일에 집중하지 않고 꾀를 부리거나 마음이 들떠서 건들거리며 행동하는 걸 가리킨다. '흥뚱대다'라고도 말한다.

학교에 다니는 어린이는 소풍 가기 전날 흥뚱대며 집안을 돌아다니고, 면접 보러 간 자식의 어머니는 결과가 나올 때까지 온종일 흥뚱거린다. 직장에서 엄한 상사가 외출하면 흥뚱거리는 직원도 있을 것이다.

이처럼 상황은 다르지만, 어떤 일에 정신을 온전히 쓰지 않고 꾀를 부리며 마음이 들뜬 모양을 강조한 말이 '흥뚱항뚱'이다. 꾀를 부림에 상관없이 마음이 들떠서 허송세월하는 일도 '흥뚱항뚱'이라고 한다. 정년퇴직한 노인이 팔각정에 앉아 흥뚱항뚱 시간을 보내거나 시골에 처음 놀러 간 아이가 원두

막에 앉아 흥뚱항뚱 시간을 보내는 경우가 그렇다. 예전에는 '흥숭생숭', '흥글흥글' 등을 쓰는 경우도 있었으나 지금은 '흥뚱항뚱'만 표준어로 삼고 있다.

∘흥뚱항뚱 | 어떤 일에 정신을 온전히 쓰지 아니하고 꾀를 부리거나 마음이 들떠 행동하는 모양.

9장

생김새, 모양을 나타낸 말.

"그는 마치 아이들이 못 보던 사탕을
손에 닿는 대로 쥐어 먹듯이 방탕의 행락을
거듬거듬 집어먹었다."

- 채만식,《탁류》

"구경하던 장터 사람들과 조판을 벌였던
장사치들이 주섬주섬 물건을 챙기며 흩어지자
갑송이가 나무 밑동을 놓았다."

- 황석영,《장길산》

참 멋진 문장이다. 기회가 생길 때마다 술, 노름 등에 빠져 지
냈음을 '거듬거듬'이란 단어로 잘 표현했으니 말이다. '거듬'
은 한 아름에 안을 만한 양을 세는 단위를 나타내고, '거듬거
듬'은 그걸 반복한 부사다. 예컨대 장작을 한 거듬 안아 나르
려면 허리를 구부렸다 일어서야 하는데, 그런 동작을 띄엄띄
엄 반복하는 데서 거듬거듬이란 말이 나왔다. 흩어지거나 널
려 있는 것을 대강대강 거두어 가는 모양이 곧 거듬거듬이다.
빗이 없을 때 손으로 흐트러진 머리를 거듬거듬 걷기도 하고,
개울을 건널 때 치맛자락을 거듬거듬 걷기도 한다.

이에 비해 '주섬주섬'은 여기저기 흩어져 널려 있는 물건
들을 주워 거두는 모양을 이르는 말이다. 거듬거듬이 공간적
시간적으로 거리가 좀 떨어져 있는 걸 거두는 것이라면, 주섬

주섬은 상대적으로 좁은 공간이나 한곳에 흩어진 걸 주워 거두는 것이다. 떨어져 깨진 꽃병의 파편을 집거나 외출하기 위해 천천히 하나씩 옷을 꺼내 입는 것도 주섬주섬이다.

◦거듬거듬 | 흩어져 있거나 널려 있는 것을 대충대충 거두어들이는 모양.

◦주섬주섬 | 여기저기 흩어져 있는 물건을 하나하나 주워 거두는 모양.

곰비임비 / 시나브로

예문의 '곰비임비'와 '해동갑'은 무슨 뜻일까?

'곰비임비'는 '계속', '해동갑'은 어떤 일을 해 질 무렵까지 계속한다는 뜻이다. 해동갑은 요즘 잘 쓰지 않지만, 곰비임비는 이따금 가게 상호로 볼 수 있는 우리말이다.

곰비임비의 옛말은 '곰븨님븨' 또는 '곰븨임븨'이며, 지방에 따라 '곰배임배', '검비검비', '곰배님배'라고 말한다. 곰비임비는 본래 물건이 거듭 쌓이거나 일이 자꾸 계속되는 모양을 표현한 말이다. 사물의 움직임이 지속하여 일어나거나 사람 사이에 어떤 일이 계속해서 일어나는 현상을 나타낸다.

함박눈이 내리면 땅에 곰비임비 눈이 쌓이고, 출근 시간이 되면 회사에 직장인들이 곰비임비 들어가며, 좋은 일이 잇달아 계속되면 곰비임비 경사가 일어난다.

'시나브로'는 모르는 사이에 조금씩 조금씩이란 뜻의 우리말이다. 다른 일을 하느라 혹은 크게 신경 쓰지 않아서 몰랐던 사이에 조금씩 변한 모양을 가리킨다. 가을이 되면 들판에 곡식이 시나브로 익어가고, 늦가을이 되면 거리에 시나브로 낙엽이 쌓이며, 불을 붙인 양초는 시나브로 다 타서 꺼지게 된다. 사물의 변화나 어떤 일의 진행이 눈에 잘 띄지 않도록 느릿느릿 이루어지는 상황을 시나브로라고 말한다.

◦ 곰비임비 | 물건이 거듭 쌓이거나 일이 계속 일어나는 모양.

◦ 시나브로 | 모르는 사이에 조금씩 조금씩.

물마루 │ 산마루

'물마루'는 바다와 하늘이 맞닿은 것처럼 보이는 수평선에서 불룩하게 쑥 나와 있는 부분을 가리키는 우리말이다. 파도가 거세게 칠 경우, 물마루는 울퉁불퉁해지므로 그곳을 지나가는 배는 위험한 상황을 맞게 된다. 물마루가 높을수록 배는 그대로 곤두박질칠 가능성이 높다. 하여 물마루는 '높이 치는 파도의 꼭대기' 및 '높이 솟은 물의 고비'라는 의미로 쓰인다.

'마루'는 산이나 지붕 따위가 길게 등성이 진 곳을 이르는 말이다. 높은 곳에서 등줄기를 이룬 부분이 등성이이고, 그 등성이에서 꼭대기를 이루는 부분이 마루다. 얼굴의 코에서 앞으로 삐죽 나온 부분은 콧마루이고, 건축물의 지붕 중앙에 있는 주된 마루는 용마루다. 비탈진 고개에서 가장 높은 곳은 고갯마루다. 산에서 가장 높은 산마루에는 종종 흰 구름이 걸려 있다.

한편 인체에서 가장 위에 있는 '머리'는 '마루'와 같은 어원을 가지고 있다. 고려의 낱말 360여 개를 골라 해설한 《계림유사(鷄林類事)》에 '頭曰麻帝(두왈마제)'라고 적혀 있는데, 머리는 '마뎨' 혹은 '맏'이라고 부른다는 설명이다. 이로써 '맏'이 머리와 마루의 뿌리임을 알 수 있다.

◦물마루 | 바다와 하늘이 맞닿은 것처럼 보이는 수평선에서 불룩 솟은 부분.

◦산마루 | 산등성이의 가장 높은 곳.

버슬버슬

"쥐 한 마리가 돌 틈에서 살금살금 기어 나오더니,
몇 번 고개를 어릿어릿하다간,
마른 풀잎 속으로 사라진다. 버슬버슬 흩어지는
바람이 쥐가 사라진 풀섶을 흩뜨리자
마른 뼈들이 그 속에서 덜그럭거린다."

- 박상륭, 《산남장》

"살결은 기름기가 밭고 탄력이 빠져서
낡은 양피(羊皮)같이 시들부들 버슬버슬해졌다."

- 채만식, 《탁류》

'버슬버슬'은 덩이진 가루 따위가 물기 없이 바싹 말라 부스러지거나 흩어지기 쉬운 모양을 나타내는 말이다. 첫 번째 예문에서는 바람을 흩날리는 가루에 비유하여 '버슬버슬'이란 표현을 썼다. 덩이에 물기가 거의 없어 따로따로 쉽게 헤어지는 모양을 형용사로 '버슬버슬하다'라고 말한다.

두 번째 예문에서는 '밭고'라는 말을 통해 건조한 상태를 한층 강조했다. '밭다'란 살이 빠져서 수척해지고 파리해진 상태를 의미하고, '시들부들'은 몹시 시들어서 생생하고 성한 느낌이 없이 풀이 죽은 모양을 뜻하므로, 건조하기 이를 데 없는 '버슬버슬'을 자연스럽게 강조하고 있다.

○ 버슬버슬 | 덩이진 가루 따위가 물기가 말라 쉽게 부스러지는 모양.

"그는 대불이한테 전성창의 일을 어찌하려고
그러느냐고 자상하게 물어 알고 싶었지만,
보암보암이 그가 말해 줄 것 같지가 않았기에
그만 입을 봉한 채⋯⋯."

- 문순태,《타오르는 강》

보
암
보
암

'보암보암'은 '보다'의 '보'에 '암'이 더해진 말로, 겉을 보아서 짐작할 수 있는 겉모양을 뜻한다. 얼마 전에 처음 본 그가 보암보암으로는 야무진 사람 같았는데 허술하다든지, 보암보암에 일이 금방 끝날 줄 알았으나 예상보다 시간이 오래 걸렸다든지 하는 형태로 쓰는 말이다.

◦ 보암보암 | 이모저모 살펴보아 짐작할 수 있는 겉모양.

송아리

"연옥색 하늘을 인 토함산 꼭대기 너머로
너붓이 내다보이는 담회색 구름장은
서쪽으로 향한 송아리가 햇솜처럼 눈부시게 피어난다."

- 현진건, 《무영탑》

'너붓이'는 조금 넓고 평평한 듯한 모양이고, '구름장'은 넓게 퍼진 두꺼운 구름 덩이를 이르며, '송아리'는 열매나 꽃 따위가 한데 잘게 모여 달린 덩어리를 가리키는 말이다. 정리하면 조금 넓고 평평하게 퍼진 두꺼운 구름 덩이가 모여들면서 꽃송아리 닮은 햇솜처럼 피어난다는 뜻이다.

　꽃, 눈, 열매 따위가 꼭지에 낱낱이 따로 붙어 이루어진 작은 덩이를 '송이'라 하고, 여러 송이가 한데 모인 덩이를 '송아리'라고 말한다. 많은 꽃송이가 굵게 모여 달린 덩어리는 '꽃송아리'다. 예문은 덩이진 구름을 송아리라는 낱말로 아름답게 표현한 것임을 알 수 있다.

○ 송아리 | 꽃이나 열매 따위가 잘게 모여 달려 있는 덩어리.

얄
랑
거
리
다

"보름달 위에 몸을 실으면
마치 드넓은 강물에 일엽편주를 띄운 것처럼
물살에 얄랑거리는 맛이 있었다."

- 문순태, 《타오르는 강》

예문에 보이는 '얄랑거리다'라는 말은 좋게 보이려고 비위를 맞추거나 아양을 떨 때 쓰는 말 '알랑거리다'와 발음은 비슷하지만, 의미는 전혀 다르다. 어떤 사물이 물결이나 바람에 자꾸 조금씩 가볍게 흔들릴 때 '얄랑이다', '얄랑거리다', '얄랑대다'라고 말한다. 예컨대 물에 뜬 작은 종이배는 물결에 따라 얄랑거리고, 날씨 좋은 봄이면 나뭇잎 사이로 햇살이 얄랑거린다.

◦얄랑거리다 | 작고 긴 물건 따위가 요리조리 자꾸 흔들리다.

언틀먼틀

> "눈이 녹은 데는 질어서 미끄럽고,
> 안 녹은 데는 당져서 미끄러운 길이 언틀먼틀해서,
> 아스팔트 바닥에만 익은 발이
> 이런 데 와서는 큰 곡경이다."
>
> - 염상섭, 《무화과》

'언틀먼틀'은 바닥이 고르지 못하고 들쭉날쭉해 울퉁불퉁한 모양을 나타내는 우리말이다. 요철(凹凸)이 심한 모양을 이르므로, 언틀먼틀한 길은 사람이나 수레가 다니기에 불편하다.

어느 정도 살아온 사람들은 대부분 기쁨, 슬픔, 행복, 고통, 등 언틀먼틀한 감정의 굴곡을 겪기 마련이다. 그러하기에 송재학 시인은 '정(情)'이라는 시(詩)에서 언틀먼틀을 다음과 같이 사용했다.

> "언틀먼틀 요철이 들락거리면서 비로소 형체라는 물컹한 감정을 일군 것이 육(肉)이요 땅에 바로 세운 채 직립한 것을 뼈(骨)라 일컫는다."

∘ 언틀먼틀 | 바닥이 고르지 못하여 울퉁불퉁한 모양.

"징과 꽹과리 소리로 장바닥은
끓는 밥솥같이 왁실덕실 시끄러웠다."

- 김원일, 《불의 제전》

왁실덕실

많은 사람이나 동물이 한데 모여 몹시 어수선하게 북적거릴 때 '왁실덕실'이라고 말한다. '왁시글덕시글'의 준말이다. 많이 모여서 와글와글 몹시 들끓는 모양을 가리키는 '왁시글대다'와 사람이나 동물이 떼로 모여 어수선하게 자꾸 들끓는 모양을 이르는 '덕시글덕시글'을 합친 말이다. 요컨대 '왁실덕실'은 '몹시'와 '계속'이 강조되어, 사람이나 동물 따위가 들끓어 변화가 많고 어지럽게 움직이는 모양을 뜻한다. '덕시글덕시글'은 '득시글득시글'로 표기가 바뀌었다.

　시골에서 오일장이 열리면 엿장수 가위 소리, 풍물놀이패 소리로 장바닥이 왁실덕실 시끄럽다.

◦왁실덕실 | 많은 사람이나 동물이 어지럽게 뒤섞여 몹시 붐비는 모양.

자울자울

"짚이 잠언 못 자도 요리 자울자울허면
그려도 고단헌 것이 풀리는 법이시."
- 조정래, 《태백산맥》

봄이 되면 닭장에 있는 닭도 졸고, 책상에 앉은 사람도 존다. 따스한 햇살이 겨우내 움츠렸던 몸을 녹여주는 까닭이다. 교실에서는 선생님 강의를 자장가 삼아 고개를 끄덕끄덕하면서 조는 학생도 있다. 이처럼 잠이 들 듯 말 듯 눈꺼풀을 껌뻑이며 머리를 숙였다 들었다 조는 모양을 가리켜 '자울자울'이라고 한다. 쉬는 시간을 알리는 종소리가 울리면 자울자울 졸던 학생들은 밖으로 우르르 뛰어나가고, 버스 의자에 앉아 자울자울하던 승객은 급정거에 깜짝 놀라 잠에서 깬다.

∘ 자울자울 | 졸면서 머리나 몸을 앞으로 숙였다 들었다 하는 모양.

"주막집 주인은 무슨 짜발량이들이
둘이나 와서 덤벙거리는가, 마뜩잖은 눈으로
두 사람의 주제 꼴을 한 번 훑어보고 나서……."

- 송기숙, 《녹두장군》

예문에 나오는 '짜발량이'는 짜그라져서 못 쓰게 된 사람이나 물건을 이르는 말이다. 주막집 주인의 눈에 덤벙거리는 두 명이 하찮은 사람으로 보인다는 뜻임을 알 수 있다. 우리 주변에는 짜발량이가 은근히 많다. 1960년대에는 고물상이 마을을 돌아다니며 찌그러진 주전자나 녹슨 깡통 따위 짜발량이를 모으곤 했다. 고물상이 주는 강냉이를 먹고자 쓸 만한 청동 가위나 냄비를 몰래 가지고 나온 아이들은 부모님에게 꾸지람을 듣기도 했다.

◦ 짜발량이 | 짜그라져서 못 쓰게 된 사람이나 물건.

치
런
치
런

치
렁
치
렁

"나이 지긋한 아주머니가 막걸리 옹배기를 기울여
국 대접에다 치런치런 막걸리를 따라 안겼다."
- 송기숙,《녹두장군》

"우러러보는 단풍이 새색시 머리의 칠보단장 같다면,
굽어보는 단풍은 치렁치렁 늘어진 규수의
붉은 치마폭 같다고나 할까."
- 정비석,《비석과 금강산의 대화》

첫 번째 예문의 '치런치런'은 액체가 가장자리에서 넘칠락 말
락 하는 모양을 이르는 말이다. 항아리에 물을 가득 부으면
치런치런 물이 차고, 막걸리를 사발에 가득 따르면 치런치런
한 상태가 된다. 치런치런은 또한 물건의 한쪽 끝이 다른 물
건에 가볍게 스칠 듯 말 듯 한 모양을 가리킨다. 소녀가 머리
에 긴 댕기를 달면 걸을 때마다 땅에 닿을 듯 말 듯 치런치런
흔들린다.

이에 비해 '치렁치렁'은 길게 드리운 것이 이리저리 부드
럽게 흔들리는 모양을 나타내는 말이다. 옛날 미혼 여성들은
치렁치렁 땋아 내린 머리를 했고, 요즘 산에 가면 산악회가
길을 알려주고자 나뭇가지에 매달아 놓은 치렁치렁한 끈들
을 볼 수 있다.

정리하자면 치런치런은 가장자리나 끝에 닿을 듯 말 듯 한 모양을 가리키고, 치렁치렁은 길게 드리운 물건이 이리저리 흔들리는 모양을 가리킨다.

○ 치런치런 | 액체가 그릇에 그득 차 가장자리에서 넘칠 듯 한 모양.

○ 치렁치렁 | 길게 드리운 물건이 자꾸 이리저리 부드럽게 흔들리는 모양.

코숭이

"그는 한 손에는 아이들 고무신 코숭이가
비죽이 내보이는 종이 꾸러미를 들고 있었다."

- 손창섭,《잉여 인간》

"해가 오르는 것이나 보고 가자 하고
숭은 물가에 쑥 내민 산코숭이에 올라갔다."

- 이광수,《흙》

'코숭이'는 물체에서 뾰족하게 나온 앞의 끝부분을 가리키는 말이다. 만원 전철에서는 신발 코숭이를 밟힐 가능성이 있고, 발볼이 넓은 사람은 코숭이가 넓은 신발을 사야 하며, 산에서 전투하는 병사들은 바위코숭이에 바짝 붙어 총을 쏘고, 해돋이를 보려면 새벽같이 일어나 산코숭이에 도착해야 할 것이다.

◦ 코숭이 | 물체의 뾰족하게 내민 앞의 끝부분.

"결혼식 주례사는
콩켸팥켸 허텅지거리가 일쑤고,
축사 또한 시작했다면 만리장성이다."

- 장하늘, 《수사법 사전》

예전부터 우리 민족은 콩과 팥을 많이 먹었고, 두 곡물을 함께 묶어 다양한 관용어를 썼다. '콩 심은 데 콩 나고, 팥 심은 데 팥 난다', '콩을 팥이라고 우긴다', '콩을 팥이라고 해도 곧이듣는 다' 등의 속담이 대표적이다.

떡을 만들 때도 콩이나 팥을 많이 넣었다. 예컨대 시루떡을 만들 때 가장 먼저 쌀가루를 넣고 그 위에 콩을 넣고, 다시 쌀가루를 넣고 그 위에 팥고물을 넣으며 층층이 쌓아나갔다. 이때 시루에 쌀가루와 콩, 팥을 한꺼번에 넣으면 뒤죽박죽이 되는데, 그런 상태를 '콩켜팥켜'라고 말했다.

'켜'는 겹겹이 포개진 물건의 낱낱 층을 이르는 말이다. '콩 켜팥켜'는 어디까지가 콩켜이고 팥켜인지를 구분할 수 없이 뒤섞인 모양을 가리킨 말이다. 이후 '콩켸팥켸'로 발음이 바뀌었고, 사물이 뒤죽박죽된 모양을 이를 때 쓰게 됐다.

○ 콩케팥케 | 사물이 뒤섞여서 뒤죽박죽된 것을 이르는 말.

"마치 흘레하는 은나비떼와도 같이
퍼르퍼르 춤추며 흩날리는 눈송이를
툇마루로 나와 손으로 직접 받아보고서야
나는 그것이 때늦은 봄눈임을 실감했다."

- 김상렬, 《춘설》

퍼르퍼르

가벼운 물체가 하늘에 날릴 때 가볍게 떨리거나 바람에 날리는 모양을 '퍼르퍼르'라 하고, 힘차게 날리면 '펄펄'이라고 말한다. 예를 들어, 눈송이가 작은 나비처럼 춤추듯 이리저리 흩날리면 '퍼르퍼르', 함박눈이 바람에 세차게 날리는 모양은 '펄펄'이다.

◦ 퍼르퍼르 | 가벼운 물체가 바람 따위에 살짝 날리거나 떨리는 모양을 나타내는 말.

냄새, 소리를 나타낸 말。

내음 | 냄새

사람이 맡을 수 있는 냄새는 대략 1조 가지나 된다고 한다. 5백만 가지 색깔을 구별할 수 있는 시각에 비하면 실로 놀라운 감각 능력이다. 냄새는 '코로 맡을 수 있는 온갖 기운'을 이르는데 세상에는 갖가지 기운이 가득한 셈이다.

냄새는 저마다 존재 이유가 있지만, 사람 입장에서 보면 좋거나 나쁜 것으로 구분된다. 꽃에서 나는 냄새는 대체로 기분을 좋게 만들고, 상한 생선에서 나는 비린내는 고개를 돌리게 만든다. 숲속을 산책하면 향긋한 나무 냄새가 코로 숨을 들이쉬게 하고, 동물 사체가 썩는 냄새는 코를 쥐게 만든다. 그런가 하면 비 내린 뒤 땅에서 풍기는 독특한 흙냄새도 있다.

이런 냄새 중에서 코로 맡을 수 있는 향기로운 기운을 '내음'이라고 한다. 내음은 주로 문학적 표현에 쓰이는 비표준어였으나 2011년 국립국어원에서 '냄새'와 의미 차이가 있다고 판단하여 표준어로 인정했다. 예컨대 '흙 내음'은 흙에서 나는 냄새를 운치 있게 이르는 말이고, '꽃 내음'은 꽃에서 나는 향기를 운치 있게 이르는 말이다.

◦ 내음 | 코로 맡을 수 있는 향기로운 기운.

◦ 냄새 | 코로 맡을 수 있는 온갖 기운.

몰큰몰큰 · 물큰물큰

"붉은 꽃, 흰 꽃이 산에 들에 밭둑에 마당가에
향기를 놓고 웃을 때에 새나라 백성들의
불그레하고 젖내 몰큰몰큰 나는 입술과⋯⋯."

- 박지원, 《허생전》

"옥사 안은 썩은 생선 냄새가 가득 차서
코를 막아도 물큰물큰 스며들었다."

- 유현종, 《들불》

'몰큰'은 연기나 냄새 따위가 한꺼번에 확 풍기는 모양을 나타내는 말이고, '몰큰몰큰'은 그런 상태가 계속되고 있음을 나타낸 말이다. 어물전에 들어서면 비린내가 몰큰 풍겨 오고, 저녁에 식당가를 걸으면 갖가지 음식 냄새가 몰큰몰큰 풍겨 허기진 배를 자극한다. '몰큰몰큰'은 비유하여 정(情)이나 사랑이 싹터 가는 모양을 나타내기도 한다. 서로 관심을 가진 남녀가 자주 만나면 둘 사이에 몰큰몰큰 사랑이 무르익는다.

'물큰물큰'은 몰큰몰큰보다 냄새 따위가 자꾸 심하게 풍기는 모양을 가리키는 말이다. 일하느라 땀에 젖은 옷에서 땀내가 물큰물큰 나고, 몹시 피곤할 때는 입에서 단내가 물큰물큰 난다.

◦ 몰큰몰큰 | 냄새 따위가 자꾸 풍기는 듯한 모양.

◦ 물큰물큰 | 냄새 따위가 자꾸 심하게 풍기는 모양.

배
리
다

배
릿
하
다

비
린
내

"간간하고, 쫄깃쫄깃하고,
알큰하기도 하고, 배릿하기도 한 그 맛은
술안주로도 제격이었다."

- 조정래, 《태백산맥》

"거대한 창고처럼 만들어진 어물 시장은
자욱한 비린내에 싸여 있을 것이다."

- 이인성, 《낯선 시간 속으로》

'배릿하다'는 비린 맛이 약간 있다는 뜻의 우리말이다. 비슷한 말 '배리다'는 날콩을 씹을 때나 동물의 피, 물고기에서 나는 냄새와 조금 같은 데가 있을 때 쓰는 말이다. 큰말은 '비리다'다. 생선이나 동물의 피 따위에서 풍기는 비위를 거스르는 냄새는 '비린내'라고 한다. '비리다'의 관형사형 '비리'와 '냄새'의 뜻인 '내'가 결합한 '비린내'는 15세기부터 현재까지 그대로 쓰이고 있다. 비위에 맞지 않고 조금 비린 듯할 때는 '배리착지근하다'라고 말한다.

사람에게 비린내는 역겹기에 '통째로 삼켜도 비린내 안 나겠다'라는 역설적인 속담도 생겼다. 사랑에 빠지면 비린내조차 신경 쓰지 않는다는 것이니, 몹시 탐이 나도록 예쁘고 사랑스러움을 비유적으로 이르는 말이다.

그런데 비린내는 사람의 비위를 상하게 하는 냄새이지만,

개에게는 그렇지 않기에 '비린내 맡은 강아지 매 맞아 허리가 부러져도 뜨물통 앞에 가서 죽는다'라는 속담도 생겼다. 어떤 물건이나 지위에 눈이 어두워지면 죽는 것도 아랑곳하지 않고 행동함을 비유적으로 이르는 말이다.

○ 배리다 | 날콩이나 물고기, 동물의 피 따위에서 나는 맛이나 냄새가 있다.

○ 배릿하다 | 냄새나 맛이 조금 비위에 맞지 않는 듯하다.

○ 비린내 | 날콩이나 물고기, 동물의 피에서 나는 역겹고 매스꺼운 냄새.

"새로 맞춰서 처음으로 입고 나선 듯 새물내가
자르르한 진솔이었으나 두 사람의 차림은
여간 어색하지 않았다."

- 송기숙,《녹두장군》

"한때 머리를 하얗게 배코치고 자릿내 진동하는
옷을 걸친 채 지칫지칫 술판을 전전했다."

- 강재형,《첫밗》

"풀기가 빳빳한 베옷 고의적삼에 옥색 대님,
때묻지 않은 버선은 진솔 같았다."

- 박경리,《토지》

새물내 | 자릿내 | 진솔

'새물내'와 '진솔'은 새 옷을 표현한 대표적인 우리말이다. '새
물내'는 빨래하여 이제 막 입은 옷에서 나는 냄새를 이르는
데, 빨래하여 갓 입은 옷을 가리키는 '새물'에 코로 맡을 수 있
는 온갖 기운을 뜻하는 '내'를 더한 낱말이다. 오래 입은 옷을
빨면 산뜻한 냄새가 강하게 풍긴다. 그 느낌을 새물내라고 말
하는 것이다.

이와는 반대로 오래도록 빨지 않은 빨랫감에서 나는 쉰
냄새는 '자릿내'라고 한다. 한자리에서 오래 있던 것이 원인
이 되어 나는 냄새가 곧 자릿내다. 매우 바쁘거나 게으른 사
람들이 자취나 하숙할 때 속옷이나 양말을 바로 빨지 않고 구
석에 처박아 놓는 경우가 있는데, 그런 방에서 자릿내가 심하

게 난다. 두 번째 예문은 강재형 아나운서가 장승욱 시인을 추모하며 쓴 글인데, 겉치장에 신경 쓰지 않았던 시인의 풍모를 느낄 수 있다.

새물내와 자릿내는 냄새를 이르는 말이지만, '진솔'은 한 번도 빨지 않은 새것 그대로인 옷이나 버선을 이르는 우리말이다. 진실하고 솔직함을 이르는 한자어 '진솔(眞率)'과는 다른 말이다. 모시옷을 많이 입던 시절에는, 새로 지어서 아직 한 번도 빨지 않은 모시옷을 '모시 진솔'이라고 말했다.

◦ 새물내 | 빨래하여 갓 입은 옷에서 나는 냄새.

◦ 자릿내 | 오래도록 빨지 않은 빨랫감에서 나는 쉰 냄새.

◦ 진솔 | 한 번도 빨지 않은 새것 그대로인 옷이나 버선.

"황토 냄새와 그야말로 된장 내처럼
쾨쾨한 냄새로 잠을 못 이루고 있을 때……."
- 이무영,《제일과 제일장》

쾨쾨하다

상하고 찌들어 비위가 상할 정도로 고린 냄새를 가리킬 때 '쾨쾨하다'라고 말한다. 찌든 땀내나 썩은 풀 냄새처럼 비위에 거슬릴 정도로 고릴 때 사용하는 말이다. 햇볕이 들어오지 않아 습기가 찬 지하방은 쾨쾨함이 심하고, 오랫동안 청소를 하지 않은 방에서는 쾨쾨한 곰팡내가 코를 찌른다. '쾨쾨하다'의 큰말은 '퀴퀴하다'다.

◦ 쾨쾨하다 | 상하고 찌들어 비위에 거슬릴 정도로 냄새가 고리다.

고래고래 · 악다구니

"온 절 안이 떠나가도록 고래고래 고함을 치는
서슬에 문지기는 아주 기가 눌려 버렸다."
- 현진건,《무영탑》

"방세로만 살아가는 그녀에게는
석 달이나 밀린 방세에 악다구니가
나올 법도 하다."
- 홍성원,《흔들리는 땅》

전설에 따르면, 용(龍)에게는 아홉 종류의 새끼(九龍子)가 있는데 성격이 제각기 달랐다. 그중 셋째 아들 포뢰(蒲牢)는 목청이 아름답고 소리 지르기를 좋아했으나 한편으로 겁이 많아 툭하면 울곤 했다. 포뢰는 특히 고래를 무서워하여 고래가 나타나기만 하면 "고래, 고래"를 외치면서 크게 소리쳐 울었다. 있는 힘을 다해서 소리치는 광경을 표현하는 말, '고래고래 소리지르다'라는 관용어는 바로 여기에서 나왔다고 한다.

우리나라 전통 범종(梵鐘)도 구룡자(九龍子) 전설과 관련이 있다. 위쪽에 종을 매어 다는 고리 '용뉴(龍鈕)'는 포뢰 형상이고, 종에 부딪치는 막대 '당(撞)'은 고래 형상이다. 고래 모양의 통나무로 종을 치면 포뢰가 아름다운 목소리로 크게 울기를 바라는 마음에서 그리한 것이다. 사찰의 범종을 살펴보면 입

벌린 형태의 용뉴와 고래 모양의 당을 쉽게 볼 수 있다.

이런 연유로 고래고래는 세상 떠나갈 듯 시끄러운 소리를 표현할 때 쓴다. 몹시 화가 나서 남을 꾸짖거나 욕할 때 목소리를 한껏 높여 고래고래 시끄럽게 내지른다.

'고래고래'와 비슷한 말로 '악다구니'가 있는데, 소리 자체보다 기를 쓰고 다투며 욕하는 짓에 더 비중을 둔 말이다. 있는 힘을 다해 다투며 욕설하는 게 악다구니다. 고래고래는 때로 술에 취해 혼자 내지르기도 하지만, 악다구니는 항상 욕설의 대상이 있다는 차이점도 있다.

악다구니의 '악'은 위턱과 아래턱을 총칭하는 顎(얼굴 높을 악) 자에서 비롯됐다. 상대와 말다툼할 때 위턱과 아래턱을 쉴 새 없이 움직이며 욕설하는 모습이 악다구니인 것이다. 악다구니는 "악다구니를 쓰다", "악다구니를 놀리다"라고 쓴다.

◦ 고래고래 | 화가 나서 목소리를 높여 외치거나 지르는 모양.

◦ 악다구니 | 기를 써서 다투며 욕설을 함.

도란도란

'도란도란'은 많지 않은 사람이 나직한 목소리로 정답게 이야기하는 소리를 표현한 우리말이다. 도란도란은 개울물 따위가 잇따라 흘러가는 소리를 나타내기도 한다. 작고 폭이 좁은 도랑에서 물 흘러가는 소리를 나타낸 말이 도란도란이며, 이에 연유하여 여럿이 나직한 목소리로 서로 정답게 이야기하는 소리를 이르게 됐다.

◦ 도란도란 | 나직한 목소리로 서로 정답게 이야기를 주고받는 소리.

부
걱
부
걱

'부걱'은 술 따위가 발효하여 액체의 표면에 거품이 생길 때 나는 소리를 이르는 말이다. 그런 거품이 좀 더 크거나 연이어 일어나는 소리를 '부걱부걱'이라 하고, 큰 거품이 생기는 소리가 잇따라 나면 '부걱대다'라고 말한다. 부걱부걱은 소리를 표현한 말이지만 시각적인 느낌도 준다.

물에서 사는 게도 물 밖으로 꺼내면 부걱부걱 거품을 내뿜는다. 게는 아가미가 젖어 있어야 숨을 쉴 수 있기에 수분을 지키고자 몸속에서 점액질을 만드는데 호흡 중에 발생한 기체가 점액질과 섞여 거품을 일으킨다. 요컨대 게가 부걱부걱 거품을 내뿜는 일은 가쁜 숨을 몰아쉬는 것이다.

◦ 부걱부걱 | 술 따위가 발효하여 큰 거품이 생기면서 잇따라 나는 소리.

새되다 | 새청맞다

"애는 새되게 악을 쓰며 불이 붙는 듯이 운다."

- 현진건, 《적도》

"밥주걱을 세차게 흔들어 대던
철원네의 새청맞은 목소리가
다시금 귓전을 때리는 것 같았다."

- 김소진, 《쥐잡기》

'새되다' 혹은 '새청맞다'는 소리가 높고 날카로움을 나타낸 말이다. '새청'은 높고 날카로운 목소리를 이르는 우리말인데, '새청맞다'는 새청 같은 소리가 들린다는 말이고, '새되다'라고도 말했다. 주로 갓난아이나 여성이 소리를 세게 내지를 때 '새청맞다'라고 표현한다. 앞의 예문은 물론 작가 박경리의 대하소설 《토지》에서도 그런 문장을 발견할 수 있다.

"임이네의 새된 고함이 귓청을 찢듯 들려왔다."

◦ 새되다 | 목소리가 높고 날카롭다.

◦ 새청맞다 | 소리가 높고 날카롭다.

서붓
사붓

"고집도 세고 자존심도 강한 엄마이기에
남보다도 더 혹독한 고통이었을 것이다.
서붓 방으로 들어서는 나를
엄마는 눈빛으로 맞아주신다."

- 이재정,《엄마의 집》

"옥초는 저도 모르게 방싯이 웃으면서
마룻전으로 나가 사붓 쪼글트리고 앉는다."

- 채만식,《모색》

'서붓'과 '사붓'은 소리가 잘 나지 않도록 조금 가볍고 부드럽게 발을 얼른 내디디는 소리를 나타내는 말이다. 영화 <소설가 구보의 하루> 포스터에는 '내일을 향해 내딛는 서붓한 발걸음'이란 광고 문구가 쓰여 있다. 여기에서 '서붓'은 희망을 향해 가볍게 나아간다는 뜻을 담고 있다.

　서붓은 주로 부사로 쓰지만, 동사 '서붓대다'나 '서붓거리다'로도 쓴다. 예컨대 부부 중 한 사람이 먼저 일어났을 때 배우자를 깨우지 않으려고 서붓거리며 방을 나가는 경우가 있다.

　'사붓'은 '서붓'보다 거센 느낌을 준다. 학교에서 수업 중에 다른 곳으로 이동하는 학생들은 복도를 사붓대며 걸어가고, 반려 고양이는 집안을 사붓사붓 걷는다.

◦ 서붓 | 소리가 거의 나지 아니할 정도로 발을 가볍게 얼른 내디디는 소리.

얄
라
차

"얄라차! 이게 뭘까?"
"얄라차! 이게 뭐야!"

'얄라차'는 어떤 것을 신기하게 여길 때 내는 감탄사이며, 무엇인가가 잘못되었음을 이상하게 여기는 소리를 의미하기도 한다. 얄라차를 사용한 첫 번째 예문은 전자의 뜻이고, 두 번째 예문은 후자의 뜻이다.

얄라차는 힘쓸 때 내는 소리 '으랏차'와 그 사투리 '얏차'가 합쳐 변형된 말이다. 그러하기에 얄라차는 경쾌한 동작 또는 경쾌한 느낌을 나타낼 때 내는 소리를 이르기도 한다.

◦ 얄라차 | 무엇인가가 잘못되었음을 이상하게 여기거나 어떤 것을 신기하게 여길 때 내는 소리.

자
그
락
거
리
다

자
그
락
대
다

"옥초는 자그락거리는
구두를 디디고 일어서면서⋯⋯"

- 채만식,《모색》

"그네들은 여태껏 자갈 채취자들처럼 또는
채석장 잡부처럼 자갈 더미 허는
자그락거리는 소리만 냈던 것이었다."

- 이문구,《장한몽》

'자그락거리다'의 어근 '자그락'은 자갈들이 서로 부딪칠 때
나는 소리를 이르는 말이며, '자그락거리다', '자그락대다'의
형태로 쓴다. 자갈밭을 걸어 다닐 때 자갈들이 부딪히며 소리
를 내면 '자그락거리다'라고 말한다. 자동사일 경우 자갈 따
위가 가볍게 밟히는 소리가 잇따라 나는 걸 가리키고, 타동사
일 경우 사람이 작은 자갈밭을 가볍게 밟는 소리를 잇따라 내
는 걸 가리킨다. 그런데 그 소리가 은근히 듣기 불편한 까닭에
작은 일로 옥신각신 다투며 싸우는 일도 '자그락거리다' 혹은
'자그락대다'라고 말하게 됐다.

⸰ 자그락거리다 | 딱딱한 물건이 맞부딪치는 소리가 자꾸 나다.

⸰ 자그락대다 | 작은 일로 옥신각신하며 다투다.

자냥스럽다

"문정은 아내의 말이 늘 자냥스러워서 좋았다.
남의 안늙은이들에 비하여
약간 수다스러운 것이 병이었으나……."

- 이문구,《산 너머 남촌》

낮은 목소리로 빠르고 떠들썩하게 자꾸 이야기하는 걸 '재잘거리다'라고 하는데 이런 소리는 어떤 내용인지 명확히 파악하기 어렵다. 놀이터에서 아이들이 재잘거리고, 방앗간 주변에서 참새가 재잘거리는 풍경은 소리의 연속성을 지닌다. 이에 비해 '자냥거리다'는 재잘거리는 소리가 듣기에 똑똑한 상태를 일러주는 말이다. 예문에서 아내의 자냥스러운 말은 내용을 파악할 수 있는 소리임을 알 수 있다. 또한 집중할 때 더욱 잘 들린다는 점을 고려하면, 여기저기서 잘 알아들을 수 없는 말로 아이들이 재잘거려도 그중에서 자신과 관련된 아이의 목소리는 자냥스럽게 들릴 것이다.

◦ 자냥스럽다 | (재잘거리는 소리가) 듣기에 똑똑한 데가 있다.

"이윽고 지격거리는 물지게 소리가
돌같이 잠잠하던 잠적을 깨뜨리기 시작하였다."

- 현진건, 《지새는 안개》

물건이 서로 닿으면 갈리는 소리가 난다. 판자를 연결해 만든 마루가 오래되면 걸을 때마다 소리가 나고, 나무 계단을 오르내릴 때도 소리가 난다. 이처럼 서로 맞닿아 갈리는 소리가 자꾸 나는 걸 '지격거리다'라고 한다. 물지게는 막대기 양쪽 끝에 물통이 매달린 구조인데, 걸을 때마다 연결 부분이 흔들리며 지격거리는 소리를 낸다.

'비격거리다'도 같은 의미다. 서로 닿아서 갈리는 소리가 비교적 크면 '삐격거리다'라고 말한다. 빡빡한 문은 여닫을 때 삐격거리는 소리가 나고, 고물 수레는 삐거덕거리며 굴러간다.

◦지격거리다 | 크고 단단한 물건이 서로 닿아 갈리는 소리가 자꾸 나다.

호르르 / 푸릉푸릉

새가 날아오를 때 내는 소리는 다양하지만, 우리말은 몸집과 크기에 따라 두 가지로 나타낸다. 큰 새가 가볍게 날개를 치며 날아오르는 소리는 '푸릉푸릉', 작은 새가 가볍게 날개를 치며 갑자기 날아오르는 소리는 '호르르'라고 한다. 그러므로 첫 번째 예문의 멧새는 비교적 큰 날짐승임을 알 수 있다. 두 번째 예문의 '쨍이'는 잠자리를 이르는 사투리이므로 '호르르'로 표현했음을 알 수 있다.

◦ 푸릉푸릉 | 큰 새가 가볍게 날개를 치며 날 때 나는 소리.

◦ 호르르 | 작은 날짐승이 가볍게 날개를 치며 갑자기 나는 소리.

11장

곳, 자리를 나타낸 말.

고샅

"내가 분이와 만나는 것을 부인하는 것은 아니여.
고샅에서도 만나고 교회에서도 만나고
들에서도 만나고, 자네들을 만나는 것처럼
만나는 것이여."

- 이동희,《돌아온 사람들》

"마을 고샅길로 접어들자 여기저기서
떡메 치는 소리가 들린다."

- 김원일,《불의 제전》

'샅'은 두 다리가 갈라진 사이의 허벅지 어름 혹은 두 물건의 벌어진 틈을 나타내는 우리말이다. 씨름할 때 허리와 다리에 둘러 묶는 천을 '샅바', 발가락 사이를 '발샅', 손가락 사이를 '손샅'이라고 한다. 꼼꼼히 찾아보는 걸 이르는 '샅샅이'는 '샅'을 두 번 써서 '빈틈없이 모조리'를 강조한 말이다. 큰길에서 쑥 들어가 동네나 마을 사이로 이리저리 나 있는 좁은 길을 요즘은 '골목'이라고 말하지만, 본래는 '고샅'이라고 했다. 다시 말해 '고샅'은 시골 마을의 좁은 골목길이나 골목 사이를 이르는 말이며, '길'을 붙여서 '고샅길'이라고도 불렀다. 첫 번째 예문의 '고샅'은 '골목길'임을 알 수 있다.

◦ 고샅 | 마을의 좁은 골목길.

길섶

"학교 가는 길섶에 잎새가 돋아
제법 파래서 봄이 자리 잡은 것 같은 생각이 납니다."

- 박목월, 《구름의 서정》

"아버지가 식식거리며 뭐라고 중얼댔지만,
어둠 때문인지 길섶 달맞이꽃 사이에서 울어대는
밤여치 때문인지, 무슨 말인지는 알 수 없었다."

- 오탁번, 《달맞이꽃》

홍수 때 둑이 무너지는 걸 막고자 둑 가장자리에 말뚝을 늘여 박고 가로로 엮어 놓은 나뭇가지를 '거섶'이라 하고, 옷의 가장자리을 '옷섶'이라 하는 데서 짐작할 수 있듯, '섶'은 가장자리를 나타내는 말이다. '길섶'은 길의 양쪽 가장자리를 가리키는 우리말이다. 흙길이라면 대개 풀꽃이 피어 있는 곳이다.

오랜만에 시골길을 걷는 사람은 길섶에 핀 이름 모를 꽃도 예쁘게 느끼다가, 수레가 지나가면 길섶으로 비켜서고, 겨울에 눈이 내리면 사람들은 길에 쌓인 눈을 쓸어서 길섶 쪽으로 밀어 놓는다.

○ 길섶 | 길의 양쪽 가장자리.

도래솔

"향회가 명맥이라도 이어지고 있었다면
바로 그 주도자들인 부자들 선산 도래솔 같은 것은
감히 베어 갈 엄두도 못 냈을 것이다."

- 송기숙, 《녹두장군》

'도래솔'은 무덤 주변에 죽 둘러선 소나무를 이르는 말로 '도리솔'이라고도 한다. '도래'는 소의 코뚜레나 말의 재갈에 잡아맨 고삐와 관련된 낱말인데, 목에 두르는 띠와 고삐 사이에 매다는 고리 비슷한 물건을 가리킨다. 그 모양에 빗대어 둥근 물건의 테두리나 둘레를 가리키는 뜻도 지니게 됐고, 무덤 뒤에 반원형으로 심은 소나무를 도래솔이라고 말하게 됐다. 우리 민속에 따르면 도래솔은 무덤을 지키는 상징을 지니고 있기에 왕릉이나 선산에는 반드시 도래솔을 심었다. 또한 그런 맥락에서 선산을 지키는 도래솔을 베면 조상의 분노를 사서 집안이 망한다는 속신도 생겼다.

◦ 도래솔 | 무덤가에 죽 둘러선 소나무.

"남강 선창에서 저쪽으로 해변을 돌아가면
후미진 도린곁에 문 지주 집이 있었다."

- 송기숙, 《암태도》

'도린곁'은 사람이 잘 다니지 않는 외진 곳 또는 구석진 곳을
이르는 말이다. '둥글게 빙 돌려서 베거나 파다'라는 뜻의 '도
리다'와 어떤 대상의 옆을 뜻하는 '곁'이 합쳐진 우리말이다.
'외진 곳'은 외따로 떨어져 있어 으슥하고 후미지지만, 사람
이 다닐 수도 있고 그렇지 않을 수도 있다. 이에 비해 '도린곁'
은 사람이 잘 가지 않는 외진 곳으로, 더욱 인적이 드문 곳을
가리킬 때 쓴다.

○ 도린곁 | 사람이 별로 가지 않는 외진 곳.

모꼬지 | 모임

'모꼬지'는 '놀이나 잔치 또는 그 밖의 일로 여러 사람이 모이는 일'을 가리키는 말이다. 그 어원은 '몯ᄀ지'로서 16세기에는 잔치, 연회(宴會)의 뜻으로 쓰였다. 《소학언해》에 '딸이 혼인한 몯ᄀ지에 다녀와서'라는 문장이 보이는데 여기서 '몯ᄀ지'는 '음식 잔치 자리', '축하 모임'을 의미한다. '몯ᄀ지'는 '못ᄀ지, 못고지, 못거지' 등을 거쳐 20세기에 들어 '모꼬지'가 됐다.

'모임'은 동사 '모이다' 어간에 명사형 접미사 '-음'이 합쳐져 생긴 말로, 근대에 이르러 '모꼬지'를 밀어내고 널리 사용됐으며 공적인 자리나 사적인 자리를 막론하고 사람들이 모이는 자리를 뜻한다.

◦ 모꼬지 | 여러 사람이 놀이나 잔치 따위의 일로 모이는 일.

◦ 모임 | 어떤 목적 아래 여러 사람이 모이는 일.

"그는 장죽을 어깻죽지에 꽂고
하암리 텃논의 그 질펀한 못자리에 물꼬가 트여
물이 쏟아져 드는 걸 내려다보고 서 있었다."

- 전상국, 《하늘 아래 그 자리》

벼농사를 짓는 농부는 논에 물이 드나드는 좁은 통로를 만든다. 물을 적절히 대어야 벼가 잘 자라는 까닭이다. 논의 가장자리에 물이 들어오고 나가는 어귀를 '물꼬'라고 하며 커다란 물돌로 막아 두거나 수문을 만들어 적절히 열었다 닫았다 조절해야 한다. 비가 너무 많이 내리면 농부는 물꼬 걱정으로 잠을 이루지 못하고, 가뭄이 들면 물꼬 트는 문제로 농부들끼리 다툼이 일어나기도 한다. 서로 가장 먼저 자기 논에 물꼬를 트려고 하기 때문이다. 이런 문화를 바탕으로 '물꼬를 트다'라는 말은 진전이 없거나 막혀 있는 상태를 푸는 실마리나 계기를 비유적으로 이를 때 쓰게 됐다.

∘ 물꼬 | 논에 물이 넘어 흐르게 만들어 놓은 어귀.

살 갈
피 피

첫 번째 예문의 '살피'는 두 땅이 나뉘는 경계를 나타낸 표를 이르고, 두 번째 예문의 '갈피'는 겹치거나 포갠 물건의 하나하나의 사이를 의미하는 우리말이다. '살피'와 '갈피'는 언뜻 비슷한 듯싶지만 다른 말이다.

'살피'는 본래 논을 정확히 구분하고자 정한 경계선을 이르는 말이다. 자기 논과 상대방 논을 명확히 구분해 놓지 않으면 때에 따라 빼앗기거나 말썽이 일어날 수 있기 때문이다. 말뚝으로 살피를 대신하는 경우가 많았고, 경계선이 불분명해지면 '살피 싸움'이 일어나기도 했다.

'살피'는 두 땅의 경계선을 간단히 나타낸 표이기에, 물건과 물건의 틈새를 구별 지은 표를 이르는 말로도 썼다. 여러 서류 사이에 살피를 끼워 구분할 수 있고, 책꽂이 책들 사이에 살피를 끼워 나름의 분류를 할 수도 있다.

'갈피'는 겹치거나 포갠 물건의 하나하나의 틈을 이르는 말이다. 다시 말해 갈피는 어떤 사물의 갈래가 구별되는 어름, 즉 두 사물의 끝이 맞닿는 자리를 가리킨다. 일의 갈래를 잡지 못하고 갈팡질팡할 때 "갈피를 못 잡다"라고 말하는데, 일의 방향을 제대로 구분하지 못함을 비유한 말이다.

정리하면 '살피'는 형태가 있는 구체적인 물건이고, '갈피'는 자리를 나타내는 추상적인 개념이다. 그러므로 책 사이에 꽂아놓은 표는 책갈피가 아니라 살피라고 불러야 한다. 책갈피에 꽂아둔 살피!

◦ 살피 | 두 땅이나 사물의 경계선을 간단히 나타낸 표.

◦ 갈피 | 사물이나 일의 부분과 부분이 구별되는 어름.

어름

'어름'은 본래 두 사물이 서로 맞닿은 곳을 가리키는 말이다. 바닷물과 갯벌이 맞물려 있는 어름에서 조개를 캐거나 낙지를 잡고, 지리산은 경상남도, 전라남도, 전라북도 어름에 있다. 따라서 첫 번째 예문의 어름은 한길과 공장 신축장의 중간쯤 자리임을 알 수 있다.

두 번째 예문의 '어름'은 두 사물의 사이나 가운데를 의미한다. 예컨대 돌들을 많이 올려 쌓은 돌탑에서 돌과 돌 사이의 작은 틈이 어름이다. 그러므로 염상섭이 비유해서 말한 어름은 선도 악도 아니며 단지 그 사이에 있는 곳임을 알 수 있다.

◦ 어름 | 두 사물이 서로 맞닿는 곳.

"징검다리의 디딤돌이 여울의 얕은 곳을 따라
띄엄띄엄 놓여 있었는데, 물이 불어서
나지막한 돌 몇 개는 물속에 잠겨 있었다."

- 이동하, 《우울한 귀향》

'여울'은 강바닥이 얕아지거나 폭이 좁아져서 물살이 세게 흐르는 곳을 이르는 말이다. 바다에서도 육지와 섬 사이에 폭이 좁아져 물살이 세게 흐르는 곳을 여울이라고 말한다. 개울에서도 물이 얕거나 폭이 좁아서 물살이 빠르게 흐르는 곳을 '개여울'이라고 한다.

여울은 물살이 센 까닭에 사람이나 동물이 건널 때 위험하다. 불교 용어 삼도천(三途川)은 그런 관념을 잘 보여준다. 사람이 죽어서 저승으로 가는 도중에 있는 큰 내가 있는데, 극악(極惡)하지도 극선(極善)하지도 않은 사람이 건널 때, 생전에 지은 업에 따라 세 가지 다른 여울이 정해진다고 한다.

◦여울 | 강에서 바닥이 얕거나 폭이 좁아 물살이 빠르게 흐르는 곳.

이물 | 고물

"이물 쪽에서 물결이 갈라서는
찰싹찰싹 소리가 났다."
-박기동, 《아버지의 바다에 은빛 고기 떼》

"노와 삿대로 배의 고물을 두들겨 댔다."
- 한승원, 《해일》

배가 물에서 앞뒤로 나아가듯, 배 자체에도 앞뒤가 있다. 배의 가장 앞머리 부분은 '이물', 뒤쪽 부분은 '고물'이라고 한다. 사공은 대개 고물 쪽에 자리 잡고 노를 저으며, 물을 건넌 뒤에는 나룻배의 이물을 붙일 곳을 찾는다. 기계 힘으로 움직이는 배는 이물 쪽에 발동기가 달려 있다.

◦ 이물 | 배의 앞부분.

◦ 고물 | 배의 뒤쪽 부분.

"일행이 동구를 막 벗어나 망개산 허리를 오르는
자드락길로 접어들었을 때……."
- 김원일,《불의 제전》

"한길로 나섰다간 자칫 행인들의 눈에 띌 터이므로
주인이 일러 준 대로 밭과 밭 사이
돌담으로 에워진 오솔길로 바삐 걸어갔다."
- 현기영,《변방에 우짖는 새》

여러 사람이 반복해 다니는 곳에 길이 생긴다. 산길은 정상으
로 오르내리는 길보다 산허리를 끼고 옆으로 돌아가는 쪽으
로 먼저 생긴다. 험한 길보다 편한 길을 더 좋아하는 까닭이
다. 그렇게 난 길 중 하나가 '자드락길'이다. 나지막한 산기슭
의 비탈진 땅에 난 좁은 길을 이른다.

'자드락'은 낮은 산기슭의 비스듬히 기울어진 땅을 가리키
며, '자드락밭'은 나지막한 산기슭 비탈진 곳에 일구어 놓은 밭
을 이르는 말이다. 산기슭에서 자드락길을 따라 걸어가면 산
허리에 이르고 계속 더 올라가면 산마루에 도달하게 된다.

'오솔길'은 두 가지 뜻을 지니고 있다. 하나는 사방이 무서
울 만큼 고요하고 쓸쓸하다는 뜻의 '오솔하다'에 '길'이 더해
진 낱말로 '고요하고 호젓한 길'을 이른다. 다른 한편으로 '외

진 곳의 가늘고 긴 길'이라는 의미도 지닌다. 일반적으로 오솔길은 산이나 숲 따위에 난 폭이 좁은 길을 말한다.

◦ 자드락길 | 낮은 산기슭에 비스듬히 나 있는 좁은 길.

◦ 오솔길 | 폭이 좁은 호젓한 길.

시
간,
거
리
를
나
타
낸
말.

겨를 | 틈

"그날그날의 일에 몰려서 연자매를 가는
당나귀 모양으로 곁눈질을 할 겨를조차 없기에
안부도 전하지 못하고 지낸 것이니
무심한 친구라고 과히 꾸지람이나 하지 말게."

- 심훈, 《영원의 미소》

'겨를'은 어떤 일을 하다가 생각 따위를 다른 데로 돌릴 수 있는 시간적인 여유를 뜻하는 말이다. 일거리가 쌓여 있으면 잠시도 쉴 겨를이 없고, 열차 출발 시각 직전에 역에 도착하면 숨 돌릴 겨를 없이 탑승해야 한다. 예문에 나오는 당나귀는 끊임없이 회전하는 연자매를 끌고 다녀야 하므로 사람이 멈추라고 하지 않는 한 계속 걸어야 한다.

비슷한 말 '틈'의 원어는 '틈새'인데, 벌어져 사이가 난 자리를 가리키는 말이다. 이어진 물건들이 바짝 붙어 있으면 비집고 들어갈 자리가 없지만, 사이가 조금 벌어져 있으면 공간이 생긴다. 그런 공간적 여유를 틈새라고 하며, '틈'으로 줄여 쓰면서 '어떤 행동을 할 만한 기회'라는 뜻도 생겼다.

요컨대 '겨를'은 시간적 여유를 이르는 말이고, 그 시간은

짧을 수도 있고 길 수도 있다. 1459년에 간행된 《월인석보》에 '한가(閑暇)는 겨를'이라고 적혀 있다. '한가하다'라는 말은 '겨를이 생겨 여유가 있다', 즉 '시간적으로 느긋하다'라는 뜻이다. 따라서 겨를은 아주 짧은 순간이나 비교적 긴 시간 가리지 않고 모두 쓸 수 있다. 요즘 자주 사용하는 한자어 '여가(餘暇)'에 해당하는 우리말도 '겨를'이다.

∘ 겨를 | 어떤 일을 하다가 다른 일이나 생각으로 돌릴 수 있는 시간적인 여유.

∘ 틈 | 어떤 행동을 할 만한 기회나 겨를. 벌어져 사이가 난 자리.

나절

첫 번째 예문의 사투리 '나잘반', 표준어로 '나절'은 하룻낮의
대략 절반쯤 되는 동안을 이르고, 두 번째 예문의 '열나절'은
꽤 오랜 기간을 이르는 말이다. 나절은 같은 말인데 어째서 시
간적 길이가 다를까?

현대 국어 '나절'의 옛말인 '나잘'은 15세기 문헌에서부터
나타나며, 19세기에 이르러 양성 모음 'ㅏ'가 음성 모음 'ㅓ'를
거쳐 'ㅓ'로 바뀌었다. 그 의미는 해가 떠 있는 하룻낮의 절반
가량이다. 흔히 '한나절'이라고 말하며, 한나절의 반쯤 되는
동안은 '반나절'이라고 한다.

나절은 낮을 절반으로 자른 말이지만, 계절에 따라 해가
떠 있는 시간이 다르므로 과학적인 시계로 계산하면 날마다
차이가 있다. 그러므로 정확하게 몇 시간이라고 단정해서 말

할 수 없다.

또한 나절은 '아침나절'이나 '저녁나절'처럼 하루 가운데 일정한 동안을 어림잡아 나타내기도 한다. 이때 나절은 '하룻낮의 어느 무렵'이나 '동안'을 가리킨다. 그런가 하면 나절이 여러 차례 지나가면 시간이 많이 흐른 것이므로 '일정한 한도 안에서 꽤 오랫동안'을 '열나절'이라 말하기도 했다.

◦ 나절 | 하룻낮의 대충 절반쯤 되는 동안을 세는 단위.

낮곁

'낮곁'은 한낮부터 해가 저물 때까지의 시간을 둘로 나누었을 때 그 전반을 이르는 말이다. 옛사람들은 낮에는 해가 지나는 길을 따르고, 밤에는 별자리가 놓인 모양에 따랐는데, 세상 만물이 가장 왕성하게 활동하는 정오 무렵부터 오후 세 시경까지의 반나절을 '낮곁'이라 말했다. '곁'은 어떤 대상으로부터 가까운 쪽으로 말하므로, '낮곁'은 해가 가장 높이 떠 있는 시간을 표현한 말임을 알 수 있다. 낮곁은 하루 중 가장 더울 무렵이며, 한밤중의 대척점에 있다. 충청도에서는 낮곁을 '낮결'이라고 말한다.

◦ 낮곁 | 한낮부터 해가 저물 때까지의 시간을 둘로 나누었을 때 그 전반(前半).

"하루라도 느루 쓰는 것이 옳고,
그래서 세 끼 먹던 것을 아침과 저녁 두 끼로 줄이었다."
- 채만식, 《소년은 자란다》

"죽을 쑤었으면 좀 느루 가겠지만
우리는 더럽게 그런 짓은 안 한다."

- 김유정, 《아내》

느루

'느루'는 '한 번에 몰아치지 않고 시간을 길게 늦추어 잡아서'라는 뜻의 우리말이다. 요즘에는 잘 쓰지 않지만, 예전에는 많이 쓰인 말임을 여러 관용구에서 확인할 수 있다. 예컨대 양식이 일정한 예정보다 더 오래가는 경우 '느루 가다'라고 했고, 양식을 절약하여 예정보다 더 오랫동안 먹을 때는 '느루 먹다'라고 말했다. 두 번째 예문은 그걸 잘 설명해 주고 있다. 그런가 하면 관용구 '느루 잡다'는 '손에 잡은 것을 느슨하게 가지다'라는 뜻이고, '느루 재다'는 '하기 싫어서 억지로 느리게 행동하다'라는 뜻이다. 요컨대 '한꺼번에 몰아치지 않고 길게 늘여서' 혹은 '한꺼번에 몰아치지 아니하고 오래도록'이 곧 느루인 것이다.

○ 느루 | 한꺼번에 몰아치지 않고 길게 늘여서.

달포 │ 해포

'달포'는 한 달 조금 넘는 동안을 이르는 우리말이다. 달포의 '-포'는 '해', '달', '날' 따위의 말 뒤에 붙어, '얼마 동안'의 뜻을 더하여 명사를 만드는 말이다. 일 년이 조금 넘는 동안은 '해포', 하루 조금 넘는 동안은 '날포'라고 말한다. 달포 전에 보았을 때보다 친구 얼굴이 많이 상했다면, 한 달 남짓 힘든 시간을 보냈다는 말이고, 여러 해포 만에 가슴이 탁 트이는 듯한 통쾌감을 맛보았다면, 몇 년 동안 답답하게 살아왔음을 짐작할 수 있다. 달포나 해포는 비교적 긴 시간을 이르는 말이기에 아예 묶어서 '긴 세월'을 '달포해포'라고 말하기도 한다. 달포해포는 사전적으로 한 달이나 한 해가 조금 더 되는 기간이라는 뜻이지만, 그보다는 꽤 오랜 기간을 이를 때 쓴다. 낱말 순서를 바꿔 '해포달포'라고도 한다.

◦달포 | 한 달이 조금 넘는 기간.　◦해포 | 한 해가 조금 넘는 동안.

"이틀의 말미는 스승을 위하여,
스승이 좋아하는 비자를 구해 오고자 했던
정성에서 온 것이었다."

- 한무숙, 《만남》

'말미'는 일정한 직업이나 어떤 일에 매인 사람이 다른 일로 말미암아 얻는 시간적인 틈을 이르는 우리말이다. 직장인이 하루를 휴가 낼 때, '하루 말미'라고 대신 쓸 수 있으며, 여름에 5일 동안 휴가를 간다면 '닷새 말미'라고 말할 수 있다. 요즘 우리가 흔히 쓰는 휴가(休暇)를 대신하는 말이 말미다.

　　말미 자체만으로는 구체적 시간을 알 수 없으므로, '하루 말미', '이틀 말미' 따위처럼 그 앞에 구체적인 날짜를 더해서 말한다. 그런가 하면 "며칠 말미를 주세요"라고 말한다면 특정할 수는 없으나 여러 날 동안 시간을 달라는 의미다.

　∘말미 | 일에 매인 사람이 다른 일로 말미암아 얻는 겨를.

한뉘

"학범 아범! 사람의 한뉘라는 게 쓰리니라.
학범 아버지가 후회할 날이 있겠으니……."

- 최서해, 《폭군》

"저 미끌미끌한 얼굴로 한뉘 남의 간 빼먹고
살았다잖아? 그런데도 또 이래?"

- 김남일, 《해동기문》

우리말 '뉘'는 여러 의미를 지니고 있다. 쌀 속에 섞여 있는 벼 알갱이를 이르는가 하면 특별히 정해지지 않은 어떤 사람을 두루 가리키고, 자손에게 받는 덕을 의미하기도 한다. 많은 것 중에서 꼼꼼히 골라낼 때 '뉘 골라내듯'이란 관용구를 쓰고, 남에게 입은 은덕을 모르는 사람에게는 '뉘 덕으로 잔뼈가 굵었기에'라는 속담을 쓴다.

하지만 두 예문에서의 '뉘'는 '살아 있는 동안 내내'의 뜻으로 쓰였다. '한뉘'는 사람의 한평생이나 한세상을 말한다. 한자어 '일생(一生)'에 대응하면서 한세대라는 뜻까지 포함하고 있다. 예컨대 부모님이 물려주신 재산이 많으면 한뉘는 돈 걱정 없이 살아갈 수 있을 것이다.

◦ 한뉘 | 살아 있는 동안. 한평생 내내.

"더위도 한물가신 한강 강변에는
제법 신선한 바람이 불고 있었다."

- 곽학송, 《방어》

"잔치가 애벌 한물이 지나면서는
비가 내리기 시작했다."

- 채만식, 《회》

한물

먹거리는 저마다 많이 나는 때가 있다. 채소나 과일, 어물 따위가 한창 거두어지거나 쏟아져 나오는 제철을 '한물'이라고 한다. 다시 말해 '한물'은 채소나 어물 등이 한창 성한 때를 가리키는 말이다. 이때가 지나면 절정기가 지났기에, '한물가다' 또는 '한물지다'라고 말한다. 이 말은 유행이나 사조(思潮)의 전성기가 지났을 때도 비유적으로 쓴다. 무스탕 유행은 한물 지났다, 부동산 투기도 한물갔다, 그 가수는 한물갔다 등등 유행의 절정이나 인기 정상에서 내려왔음을 말할 때 쓴다.

한물의 때를 가리키는 말로 '한철'이란 말도 있다. '메뚜기도 한철'이라는 관용어는 좋은 시절이 오래가지 않을 테니 겸손히 처신하거나 잘 대비하라는 뜻을 지니고 있다.

∘한물 | 채소, 과일, 어물 따위가 한창 수확되거나 쏟아져 나올 때.

해거름 | 해뜰참

사람들은 대부분 해가 떠 있는 동안 활발히 활동한다. 그러하기에 언제 해가 뜨고 지는지 확인하고 일하며, 그 무렵을 기준으로 시작이나 시한을 정하기도 한다. 예를 들면 해가 돋을 무렵을 이르는 '해뜰참'에 문밖을 나서고, 해가 서쪽으로 넘어갈 무렵인 '해거름'에 일을 마감한다. 따라서 첫 번째 예문은 해 뜰 무렵부터 사람들이 붐비고 있음을, 두 번째 예문은 해가 지기 전까지 돈을 내야 하는 상황임을 알 수 있다.

한편 '해돋이'는 해의 움직임을 나타내는 말이지만, '해뜰참'은 해돋이 때를 이르는 말이다. 해뜰참에 맞서는 말은 '해거름'이고, 해가 서쪽으로 넘어가는 때를 가리킨다. 해가 서쪽 산마루에 걸려 있는 해거름에 이어 해가 사라진 '해넘이'가 되면 어둠이 본격적으로 깔리기 시작한다. 갈 길 바쁜 나그네는 저무는 해거름을 아쉬워하고, 술 좋아하는 술꾼들은 해거름이 되면 술집으로 향한다.

∘ 해뜰참 | 해가 돋을 무렵.

∘ 해거름 | 해가 서쪽으로 넘어가는 때.

13장

물체를 나타낸 말。

고갱이

'고갱이'는 풀이나 나무의 줄기 한가운데 있는 연한 심을 이르는 우리말이다. 배추의 연하고 고소한 노란색 속도 '고갱이'라고 말하는데, 이는 배추 속의 한가운데서 올라오는 심과 잎을 이르는 '배추 고갱이'의 줄임말이다. 그 의미를 비유적으로 사용해 '어떤 사물의 중심이 되는 부분'을 가리켜 쓰기도 한다. 그러므로 예문의 '고갱이'는 핵심(核心) 즉, 사물의 가장 중심이 되는 부분임을 알 수 있다.

◦ 고갱이 | 배추, 풀 따위의 속심.

"꽃다지, 질경이, 민들레……
가지가지 풋나물을 뜯어 먹으면
몸이 초록으로 물들 것 같다."

- 이효석, 《들》

"술은 집에서 담은 청주였으며
누룩이 잘 떴는지 맏물 탱자 빛깔처럼
보기가 좋았다."

- 이문구, 《우리 동네》

"끝물까지 다 따 버린, 앙상한 고추밭도 지나간다."

- 박경리, 《토지》

꽃다지 | 맏물 | 끝물

채소 및 과일을 농사지어서 그해에 처음으로 거둔 생산물을 '맏물'이라고 하는데, 그중에서 오이나 호박처럼 꽃이 피었다가 진 후에 열리는 첫 열매는 특별히 '꽃다지'라고 말한다. '꽃다지'의 옛말은 '곳다대'이며, '꽃'을 의미하는 명사 '곳'에 '다대'가 합쳐진 말이다.

맏물이 가장 먼저 얻은 수확물이라면, '끝물'은 그해의 맨 나중에 나는 과일이나 푸성귀를 이르는 말이다. 과일이 끝물이면 그리 싱싱하지가 않아 아쉽고, 화단에 핀 꽃들이 끝물이면 애처롭게 보인다.

끝물은 시절의 마지막 때이므로 비유하여 활발하던 기

세가 사그라드는 시기 또는 그런 것을 가리키는 말로도 쓰게 됐다.

◦ 꽃다지 | 오이, 가지, 참외, 호박 따위에서 맨 처음에 열린 열매.

◦ 맏물 | 과일, 푸성귀, 해산물 따위에서 그해의 맨 처음에 난 것.

◦ 끝물 | 곡식, 과실, 해산물 따위에서, 그해의 맨 마지막으로 나오는 것.

"꽃 다짐을 손톱 위에 올리기 전에
손톱 가장자리로 밀가루 반죽을 먼저 붙였다."

- 조정래, 《태백산맥》

'꽃다짐'은 손톱에 봉숭아물을 들이기 위해 다져 놓은 봉숭아 꽃잎을 이르는 말이다. 예전에는 여름이 되면 손톱 가장자리에 밀가루 반죽을 붙이고, 손톱 위에 꽃다짐을 올려서 봉숭아물을 들이곤 했다. 봉숭아물을 진하게 들이고 싶을 때는 꽃보다 잎을 더 많이 넣어서 꽃다짐을 만들었다.

◦꽃다짐 | 손톱에 봉숭아물을 들이기 위해 봉숭아꽃 잎을 다져 놓은 것.

무녀리

> "주인네 되는 사람이 동네 집집에
> 강아지를 나눠주게 되었고, 금순네도 그중의
> 무녀리 한 마리를 공짜로 얻어다 기르게 된 것이다."
>
> — 윤흥길,《묵시의 바다》

> "순평이 같은 그런 무녀리는 이따금 그렇게
> 혼이 나야만 사람이 돼 갈 것 같기도 했다."
>
> — 이문구,《장한몽》

'무녀리'는 '문을 열고 나온 이'의 합성어 '문열이'가 어원이다. 여기서 '문'은 자궁문(子宮門)을 의미하며, 본래 한 태에서 태어난 여러 마리 가운데 맨 먼저 나온 새끼를 이른다. 개는 보통 네 마리에서 여섯 마리, 고양이는 세 마리에서 다섯 마리, 돼지는 여덟 마리에서 열두 마리까지 낳는데, 그중 가장 먼저 어미 배 속에서 세상으로 나온 녀석을 무녀리라고 부른다.

그런데 무녀리는 한배의 다른 새끼들에 비해 유난히 작고 허약하다. 이에 연유하여 '무녀리'는 말과 행동이 덜떨어진 못난 사람을 비유적으로 이르는 말로도 쓰이게 됐다. 두 번째 예문의 '무녀리'는 언행이 좀 모자란 사람을 가리킨다.

◦ 무녀리 | 짐승의 맨 먼저 낳은 새끼 또는 말이나 행동이 덜떨어진 못난 사람.

1846년 9월 16일 김대건(金大建) 신부가
한강 새남터에서 순교한 후 형장에 버려진 채
그 시신이 감시를 받았는데,
미리내 인근 이민식과 서울의 교우 등 십여 명이
밤중에 시신을 찾아 근처에 잠시 가매장했다가,
곧 한강을 건너 이동하여
순교한 지 40일 만에 미리내에 안장했다.

- 역사

미
리
내

'미리내'는 원래 '용이 사는 냇물'을 이르는 우리말이다. '미르'
는 용(龍), '내'는 시내보다는 크고 강보다는 조금 작은 물줄기
를 가리키는 말인데, 밤하늘에 남북으로 길게 강물처럼 흩어
져 퍼진 별 무리를 '미르내'라고 불렀다. 밤에 사람 눈으로 볼
수 있는 가장 큰 별 무리를 용이 사는 하늘의 냇물로 상상한
것이다.

합성어로서의 '미리내'에 관한 기록은 19세기 중엽 문헌
에 보인다. 1842년경 작성된 《경기지(京畿誌)》 양성현(陽城縣)
조에 나오는 금곡면 소속 '미이천리(彌迤川里)'가 '미리내'를 한
자로 표기한 최초의 기록이며, 이후 '미리천'으로 불렸다.

◦ 미리내 | 은하수(銀河水)를 뜻하는 말.

버림치

예문에 나오는 '버림치'는 못 쓰게 되어 내버려 둔 물건을 이르는 우리말이다. 많이 사용해서 더 이상 못 쓰게 된 재료나 쓸모를 느끼지 못해 버린 물건 모두 버림치이며, 한자어 '폐품(廢品)'으로 대신할 수 있다. 버림치'의 '-치'는 '물건'의 뜻을 더하는 접미사다.

쓸모는 사람마다 판단 기준이 다르다. 어떤 사람이 버린 버림치는 다른 사람에게 유용한 물건으로 보일 수도 있다. 이것저것 가득 쌓인 창고의 버림치에서도 다시금 쓸모가 느껴지는 버림치도 있을 것이다.

∘ 버림치 | 못 쓰게 되어서 버려둔 물건.

"주인 노파가 호기심과 놀람이 눈이 둥그래져
김치 보시기를 손에 든 채 멍하니 내다보고 섰다."

- 채만식,《모색》

'보시기'는 김치나 깍두기 따위를 담는 작은 사발을 이르는 말
이다. 밥그릇인 '사발'이나 국그릇인 '대접'보다 작지만, 간장,
고추장을 담는 '종지'보다는 크다. 예전에 혼자 먹는 밥상에
는 반찬 나물을 보시기에 담아 내놓았다.

◦보시기 | 김치나 깍두기 따위의 반찬을 담는 작은 사발.

아람

> "낙엽 떨어질 무렵에 밤송이는 아람이 벌고,
> 물방앗간이 되는 참나무에는
> 가지가 휘도록 상수리가 열렸다."
>
> - 이기영, 《고향》

'아람'은 가을에 열매가 다 익어서 저절로 벌어진 상태를 이르는 말이다. 가을 햇살을 받아서 나무에 매달린 채 충분히 익어 벌어진 과실(果實)이나 그런 상태를 아람이라 일컫는다.

잘 익어 저절로 벌어지는 대표적인 열매는 밤이다. 가을이 되면 밤송이가 저절로 벌어지면서 탐스러운 알밤을 내보인다. '알밤'은 밤송이에서 빠지거나 벌어져 떨어진 밤톨을 가리키는 말인데, 알밤에서 '아람'이란 말이 나왔다. 이후 밤송이처럼 익으면서 벌어지는 상수리 열매에도 아람이란 말을 쓰게 됐다.

∘ 아람 | 밤이나 상수리 따위가 나무에 달린 채 저절로 충분히 익어 떨어질 정도가 된 상태.

"방 안에는 모기장이 쳐져 있었고
머리맡에는 아내가 늘 준비해 두던 자리끼도 없었다."

- 김원일,《노을》

신라 원효대사는 당나라로 가기 위해 길을 떠나던 도중 동굴에서 하룻밤 자다가 잠깐 깨었을 때 갈증을 느껴 근처에 있는 물을 맛있게 마셨는데, 아침에 그게 해골에 담긴 물임을 알고 기겁한 일로 유명하다. 일상에서도 밤에 자다가 문득 깼을 때 갈증을 느끼는 경우가 많다. 우리 선조들은 그럴 때를 대비해 잠자리 근처에 물그릇을 준비했다.

'자리끼'는 밤에 자다가 깨었을 때 마시기 위해 잠자리의 머리맡에 준비해 두는 물이다. 예전에는 부엌이 멀어서 방문을 열고 빙 돌아서 나가야 했기에 이런 문화가 생겼다.

◦ 자리끼 | 밤에 자다가 마시기 위하여 잠자리의 머리맡에 준비하여 두는 물.

지스러기

"톱질간이란 제재소(製材所)요,
죽더끼는 제재하고 난 지스러기였다.
그러나 그것도 낮 보아 판다고 들었는데……."

- 채만식, 《처자》

"사람들이 천시해서 헐값으로 나가던
지시라기를 이렇게 공들여 말려 좋은 입성을
입혀설라므네 들입다 신문이나 잡지책에다
그 신기한 효험을 광고까지 친다지 뭡니까?"

- 박완서, 《미망》

두 예문에 나오는 '지스러기', '지시라기'는 모두 다 고르고 남은 대수롭지 않은 것을 이르는 우리말이다. 밭에서 상태 좋은 작물만 골라 캔 후 남은 자잘한 것이나 인삼밭에서 다 고르고 남은 삼 따위가 지스러기다. 상품 가치가 떨어지거나 거의 없다. 옛날에 매우 가난한 사람들은 가을걷이가 끝난 논밭을 돌아다니며 지스러기를 주워 그걸로 먹고살았다.

옷감이나 재목 따위를 치수에 맞게 자른 뒤에 남은 것도 지스러기라고 한다. 마름질하고 남은 지스러기로 인형 옷을 만들기도 하고, 보관해 두었다 수선할 때 쓰기도 한다.

○ 지스러기 | 고르고 남은 찌꺼기나 자른 뒤 남은 부스러기.

"교복이던 것을 허드레옷으로 입고 있는 참이라
저고리 고름 매듭에는 학교 배지가 그대로 달려 있다."

- 채만식, 《모색》

"관사에는 아버지와 두 명의 교사들이 있었고
밥 짓고 허드렛일하는 노파가 한 사람 고용되어 있었다."

- 오탁번, 《아버지와 치악산》

허드레

매우 필요하고 중요한 물건이 있는가 하면, 낡거나 허름해서 그 가치가 크게 떨어진 것도 있다. 후자처럼 그다지 중요하지 않아 함부로 쓸 수 있는 물건을 이르는 우리말이 바로 '허드레'다. 아무렇게나 편하게 입는 옷을 '허드레옷', 별로 중요하지 않은 여러 가지 잡일을 '허드렛일'이라고 말한다. 또한 허드레로 먹기 위하여 간단하게 담근 된장을 '막장', 실을 켤 수 없는 허드레 고치를 삶아서 늘여 만든 솜을 '풀솜'이라고 한다. 허드레는 필요 없는 물건이 아니라 편하게 함부로 쓸 수 있는 것을 이르는 말이다.

◦ 허드레 | 그다지 중요하지 아니하고 허름하여 함부로 쓸 수 있는 물건.

희
나
리

'희나리'는 물기가 남아 있는 덜 마른 장작을 이르는 우리말
이다. 대중가요 '희나리'의 가사에 "기다릴 수밖에 없는 나의
마음은 퇴색하기 싫어하는 희나리 같소"라는 구절이 있는데,
노랫말 속 희나리는 여전히 물기를 머금은 장작을 나타낸다.

모닥불이나 장작불을 땔 때, 희나리는 잘 타지 않으면서
연기를 내므로 쓰지 않는다. 같은 맥락에서 비유하여 덜 익
은 쌀을 가리킬 때 '희나리쌀'이라고 말한다. 희나리 장작이
나 희나리쌀은 사람이 사용하기에 부적합한 사물인 셈이다.

◦ 희나리 | 채 마르지 아니한 장작.

그 밖에 알아 두어야 할 우리말.

구멍수

'구멍수'는 애로나 난관을 뚫고 나갈 만한 수단이나 도리를 이르는 우리말이다. 막힌 상황을 장벽에 비유해 '구멍으로 빠져나가는 수'라는 의미로 썼다. '곤란한 문제 따위를 해결하는 실마리'라는 뜻의 '돌파구(突破口)', 어떠한 문제를 풀어내는 방책을 의미하는 '해결책(解決策)'과 비슷한 말이다.

신라의 김춘추는 고구려에 협상하러 갔다가 감옥에 갇혔을 때 술에 취한 선도해로부터 토끼와 거북이 설화를 듣고 구멍수를 생각해 내어, 귀국하면 고구려의 요구를 들어주도록 노력하겠노라 약속하고 풀려나는 데 성공했다. 선도해는 위기에 빠진 김춘추에게 슬쩍 구멍수를 준 셈이다.

◦ 구멍수 | 어려운 상황이나 애로를 벗어날 만한 수단이나 도리.

길라잡이

> "처가에 설 세찬으로 달걀 세 꾸러미와
> 장닭 한 마리를 꼬마동이가 지게에 얹어지고,
> 길라잡이 삼아 앞을 섰다."
>
> - 채만식, 《두 순정》

'길잡이'의 본딧말 '길라잡이'는 앞에 나서서 길을 인도하는 사람이나 사물을 의미한다. '길'에 '나장(羅將)'과 접미사 '-이'가 더해져 생긴 말이다. '나장'은 귀양 가는 사람을 압송하는 일을 맡던 하급 관리를 가리키는데, 그 앞에 '길'이 붙어 특정한 사람의 앞에서 길을 안내하고 정리하는 사람을 이르는 말로 썼다. 수령이 외출할 때 길을 인도하던 나장을 '길나장이'라 불렀던 호칭이 점차 '길라잡이'로 바뀌었다. 현재는 초보자에게 안내해 준다는 의미로 많이 사용하고 있다. 산행에는 전문 산악인이 길라잡이로 앞장서기 마련이고, 서점에서는 전문적인 내용을 쉽게 설명한 책들이 독자에게 좋은 길라잡이 역할을 하고 있다.

◦ 길라잡이 | 길을 인도해 주는 사람이나 사물.

깜
냥

'깜냥'은 어떤 물건을 만드는 데 바탕이 되는 재료를 뜻하
는 '감'과 한자 헤아릴 '양(量)'이 합쳐져 변한 말이다. '본래 바
탕을 이루고 있는 양'에서 '어떤 일을 헤아려 스스로 해낼 만
한 능력'으로 의미가 바뀌었다. 자기 능력을 스스로 겸손하게
말하거나 아랫사람 능력을 얕보아 이를 때 쓴다. '깜냥깜냥'
은 '자신의 힘을 다하여'라는 뜻이고, '깜냥껏'과 '깜냥깜냥
이'는 '저마다의 능력대로'라는 뜻이다. 학교에서 좋은 학점
을 받으려 노력하고 여러 자격증을 얻는 '깜냥 쌓기'는 취업에
큰 도움이 되고, 자신의 깜냥을 잘 알면 과욕을 부리지 않게
되며, 눈치가 빠르면 해 본 적 없는 일도 깜냥껏 거들 수 있다.

◦ 깜냥 | 어떤 일을 어림 가늠 보아 해낼 만한 능력.

"꽃등은 피했다가 그놈들 기세가
한풀 숙어 든 담에 일을 도모해도 늦잖소."
김오봉이가 침착하게 말했다.

- 송기숙, 《녹두장군》

꽃
등

차례의 맨 끝을 가리키는 '꼴찌'의 반의어는 '으뜸'이다. 그렇다
면 등급을 매겼을 때 맨 끝을 이르는 '꼴등'의 반의어는 무엇일
까? 한자어로는 '일등(一等)', 우리말로는 '꽃등'이다. 접두사 '꽃-'
은 일부 명사 앞에 붙어, '맨 처음으로 된' 또는 '맨 위에 뜬'의 뜻을
더하는 말이다. 오이, 참외, 가지 등에서 맨 처음 열린 열매를 '꽃
다지'라 부르고, 곰국이나 설렁탕 따위 고기를 삶아 내고 맹물을
타지 않은 진한 국물을 '꽃물'이라고 말한다. 따라서 '꽃등'은 등
수(等數)에서 첫 번째임을 알 수 있다. 한편, '꼴찌'의 경우 '꼴'의
어원을 '꼬리'로 보고, '찌'를 '사람'을 뜻하는 '지'로 보는 견해가
일반적이다. '꼬리지'가 변하여 '꼴찌'가 된 것이다.

○ 꽃등 | 맨 처음.

드레 | 드레질

사람에게서 인격적으로 점잖은 무게가 느껴질 때 '드레지다'라고 말한다. '드레'는 점잖은 성품을 의미하는 우리말이다. 어린 사람이 드레가 있어 보인다고 하면, 촐랑거리지 않고 점잖다는 뜻이다. 따라서 첫 번째 예문의 뱃놈은 인격적 무게가 없는 사람인 셈이다. 그런데 사람은 겪어 봐야 실체를 알 수 있으므로, 이런저런 일로 인격의 무겁고 가벼움을 떠보는 경우가 많다. 이처럼 사람의 됨됨이를 헤아리는 일을 '드레질'이라고 말한다. 두 번째 예문에서는 이방언의 반응을 보고 됨됨이를 판단하고자 드레질해보려 하고 있다.

◦ 드레 | 사람의 품격으로서 점잖은 무게.

◦ 드레질 | 사람의 됨됨이를 떠보는 일.

"그놈에게는 양반이 비각이야. 양반이라면
당초에 만나 보기를 싫어하고 말끝에
양반의 말이 나기만 하면 함부로 욕설하는데
선생 되는 중이 항상 타일러 못하게 하더군."

- 홍명희,《임꺽정》

만나기만 하면 원수처럼 아웅다웅하는 사이가 있고, 둘 다 좋은 식품이지만 함께 먹으면 몸에 나쁜 결과를 가져오는 경우도 있다. 마치 물과 불처럼 두 물건이나 일이 서로 상극되어 용납되지 않는 일을 우리말로 '비각'이라고 한다. '비각'이란 함께 어울리거나 공존할 수 없어 서로 용납되지 못하는 관계를 나타내며, 한자어 상극(相剋)과 비슷한 말이다.

숙지황이 든 한약을 먹을 때 날 무를 먹는 것은 비각이며, 장어와 복숭아도 비각이다.

◦ 비각 | 두 사물이 서로 상극이 되어 용납되지 않는 일.

비
나
리

첫 번째 예문의 '비나리'는 남사당패 놀이의 마지막 과정인 성
줏굿에서 곡식과 돈을 상 위에 놓고 외는 고삿소리나 그것을
외는 사람을 이르는 말이다. 집을 지키는 성주신에게 비는 고
삿소리는 사람이 신에게 잘 보이려 하는 행위이기에, 비유하
여 '비나리'는 남의 환심을 사려고 아첨함을 가리키는 말로도
쓴다. 비나리를 '앞길의 행복을 비는 말'로 풀이한 것은 잘못
된 설명이다. 후자의 경우 '비나리 치다'라고 말하며, '아첨하
여 가며 남의 환심을 사다'라는 뜻으로 통한다. 두 번째 예문
에서 영색(佞色)은 남에게 아첨하기 위하여 꾸미는 표정을 뜻
하므로, '비나리 치다'의 의미를 명확히 알 수 있다.

◦ 비나리 | 남의 환심을 사려고 아첨함.

"그런 일이 아닌데도
곧잘 낯을 찌푸리는 그 사내인 것이었으니,
태산인 듯 든든하기만 하던 큰자식 만동이가
앵두장수가 된 다음부터 생겨난 버릇이었다."

- 김성동,《국수》

앵두장수

예문의 '앵두장수'는 앵두를 파는 상인이 아니고, 잘못을 저지르고 어디론가 자취를 감춘 사람을 이르는 말이다. 즉, 맏아들이 사라진 이후 사내에게 낯을 찌푸리는 버릇이 생겼다는 뜻임을 알 수 있다.

앵두장수가 이런 의미를 갖게 된 데는 다음과 같은 사연이 있다. 옛날 한겨울에 임금이 앵두가 너무 먹고 싶어서 누구든 앵두를 가져오면 큰 상을 주겠노라는 방문을 전국 각지에 붙였다. 모두가 입맛만 다시며 고개를 저을 때 한 사람이 꾀를 냈다. 그는 한철일 때 술에 담근 앵두를 꺼내 깨끗이 씻어서 마치 싱싱한 앵두인 것처럼 궁궐에 바쳤다. 하지만 그는 나중에 이 사실이 밝혀지면 임금을 속인 죄로 큰 벌을 받을까 두려워 산속 깊이 들어가 숨어 살았다.

이에 연유하여 잘못을 저지르고 어디론지 자취를 감춘 사람을 '앵두장수'라고 말하게 됐다고 한다.

◦ 앵두장수 | 잘못을 저지르고 어디론지 자취를 감춘 사람.

"작자는 김문현이와 가마꾼이 하는 수작을
동상전(東床廛) 여리꾼처럼 비슬비슬 웃으며
노려보고 있었다."

 - 송기숙,《녹두장군》

"선전(線廛) 앞에서 여리꾼에게 붙들려서
곤경들을 치르고……."

 - 홍명희,《임꺽정》

첫 번째 예문의 '동상전'은 서울 종로의 종각 뒤에서 자질구
레한 일용품 따위를 팔던 가게, 두 번째 예문의 '선전(線廛)'
은 비단을 파는 옷감 가게를 이르는 말이다. 두 예문에 나오
는 '여리꾼'은 가게 앞에 서 있다가 지나가는 사람을 끌어들여
물건을 사게 하고, 가게 주인으로부터 삯을 받는 사람을 가리
키는 말이다. 동사 '여립켜다'는 '손님을 끌어들이다'라는 뜻
이다. 오늘날에도 시장에 가면 지나가는 손님에게 여립켜는
여리꾼을 볼 수 있다.

◦ 여리꾼 | 상점 앞에 서서 손님을 끌어들여 물건을 사게 하고 주인에게 삯을 받
는 사람.

여투다

자본주의 사회의 많은 사람이 저축을 하는데 그 방법은 크게 두 가지로 나눌 수 있다. 일정한 액수를 먼저 저축한 뒤 나머지로 살아가는 방식과 필요한 돈을 쓰고 나서 남은 돈을 저축하는 방식이 그것이다. 장단점이 있으므로 각자 선택할 일이지만, '저축하다'에 해당하는 우리말 '여투다'는 모두 알았으면 한다. '여투다'는 물건이나 돈을 아껴서 쓰고 그 나머지를 모아 둠을 이르는 말이다. 오랫동안 여투어 둔 돈으로 생일에 벼르고 별렀던 옷을 사고, 용돈을 여투어 연말에 자신보다 어려운 사람을 돕고, 조금씩 남은 반찬을 여투어 두었다가 만두 만들 때 만두소로 쓴다.

○ 여투다 | 돈이나 물건을 아껴 쓰고 나머지를 모아 두다.

"그녀의 몸은 전과 다름없이 모든 일을 해내고 있었다.
그가 그렇게 유도하고 있었다.
몇 차례든지 죽살이를 거듭했다."

- 한승원,《아제아제 바라아제》

죽살이는 두 가지 의미를 지닌 우리말이다.

첫째, 죽음과 삶을 아울러 이른다. 한자어 생사(生死)와 차
이가 있다면 생사는 '삶'이 '죽음' 앞에 있지만, 우리말은 '죽
음'이 '삶' 앞에 있다는 점이다. 우리네 관념으로는 죽을 뻔한
고비를 여러 차례 넘기며 살아가는 삶이기 때문인 듯싶으며,
그리하여 죽살이는 '죽고 사는 일을 다투는 고생'이란 의미도
지닌다.

예문의 '죽살이'는 후자의 뜻임을 알 수 있다. 여름에 물놀
이하다 목숨을 잃을 뻔한 죽살이를 한 사람도 있고, 예상치 못
한 사고를 당해 죽살이를 한 사람도 있을 것이다.

'어떤 일에 매우 억세고 독하게 힘쓰다'라는 뜻의 동사 '죽
살이치다'도 알아 두면 좋다. 수용소에서 탈출한 포로는 잡히

지 않으려고 죽살이치며 도망가고, 대부분 부모는 집이 가난
해도 자식을 공부시키고자 죽살이친다.

◦ 죽살이 | 죽음과 삶을 아울러 이르는 말.

◦ 죽살이치다 | 어떤 일에 죽을힘을 다해 애쓰다.

"하룻강아지 범 무서운 줄 모른다더니,
어디서 또 이런 천둥벌거숭이들이 뛰어들지?"

- 송기숙,《녹두장군》

'천둥'은 우리나라에서 만든 한자어 '천동(天動)'이 변한 말이
며, 천둥 치는 것을 이르는 '우레'는 '울다'에서 나온 말이다.
하늘이 요란하게 우는 것이 천둥이자 우레인 셈이다. '벌거
숭이'는 옷을 모두 벗은 어린 사람의 알몸뚱이라는 뜻 이외
에 곤충 '잠자리'라는 의미도 있다. '벌거숭이 불알에 붙듯'이
라는 속담은 잠자리가 불알에 붙어도 그 시간이 매우 짧다는
뜻으로, 무엇이든 오래가지 못함을 비유적으로 이르는 말이
다. 잠자리는 천둥이 치는데도 이리저리 날아다니는 경우가
있기에, '천둥벌거숭이'라는 말이 생겼다. 두려운 줄 모르고
철없이 덤벙거리거나 날뛰는 사람을 가리킬 때 쓴다.

◦ 천둥벌거숭이 | 철없이 두려운 줄 모르고 함부로 덤벙거리거나 날뛰는 사람.

우리말의 발견

초판 1쇄 인쇄 | 2023년 4월 20일
초판 1쇄 발행 | 2023년 4월 28일

지은이 박영수
발행인 박효상
편집장 김현
기획·편집 장경희
디자인 임정현

편집·진행 김효정
교정 박정선
표지·본문 디자인 정정은
마케팅 이태호, 이전희
관리 김태옥

종이 월드페이퍼 | **인쇄·제본** 예림인쇄·바인딩 | **출판등록** 제10-1835호
펴낸 곳 사람in | **주소** 04034 서울특별시 마포구 양화로 11길 14-10(서교동) 3F
전화 02)338-3555(代) | **팩스** 02)338-3545 | **E-mail** saramin@netsgo.com
Website www.saramin.com

ISBN 978-89-6049-802-0 14710
     978-89-6049-801-3 세트

우아한 지적만보, 기민한 실사구시 **사람in**